僕の場所

隈研吾

大和書房

はじめに——樹木のように生きる

僕の日常は移動です。現場から現場へと移動し、打ち合わせから次の打ち合わせへと、飛び回っています。もうそろそろ落ち着いて、一つの場所にじっとしていたらいいのに、と助言を受けることもしばしばです。ミーティングだって、現場のチェックだって、ネットを使えば簡単なのにという助言です。

「映像じゃ、質感やディテールの一番重要な部分が抜け落ちて、全然チェックにならないんだよ」とか「顔と顔を突き合わせて打ち合わせをしないと本心が伝わらないんだよ」と答えるのですが、冷静に考えると、僕にとっては、どうも移動すること自体が必要のようなのです。移動によっていろいろな人、物に出会うことが、僕にはどうしても必要なのです。

人間を移動する存在として定義する試みは、たびたび行われてきました。

1970年代には、ホモ・モーベンスという言葉が流行しました。ホモ・エレクトス、ホモ・サピエンスの次はモーベンスだというのです。2000年代にはノマド——定住型ではなく、遊牧型——の生き方が主流になるだろうという議論が活発でした。

しかし、僕は自分のことをノマド的だと思ったことはありません。移動する動物だと考えたこともありません。強いていえば、自分は樹木のような存在だと感じています。

どういうところが樹木的なのでしょうか。痕跡を残しながら生きているところが、樹木的であると感じるのです。

動物は移動の跡をあまり残しません。草も枯れてしまえば痕跡は何も残りません。しかし樹木は、その存在自体が、それまで生きてきた年月の痕跡なのです。実際に生きて活動しているのは、小枝や葉っぱという限られた部分で、樹木の見えているものの大部分は、その活動の痕跡、専門的にいえばリグニンという名の、木の幹を構成する物質なのです。痕跡が構造物になって、今という活動を支えているところが、樹木という存在のすごさなのです。

僕は建築物という痕跡を残しながら移動しています。痕跡を残すのが僕の仕事です。しかし、建築家だけが痕跡をたくさん残しているわけではありません。人間は日記を書いたり、写真を撮ったり、ツイートしたり、昔から痕跡を残すことに必死になる生物なのです。家を建てるというのも、そんな痕跡願望のなせるわざであることは間違いがありません。

建築家ではなくても、人間には痕跡が必要であり、樹木が痕跡によって立ち続けていられるように、人間もまた痕跡によって、自分を支えているものなのです。最近はＩＴによって痕跡の生産効率も保存技術も格段に高まり、人間と痕跡との関係は、より近しくなったようにも感じられます。

また痕跡のトレース、検索もＩＴのおかげでとても簡単になりました。人間の樹木化がＩＴによって進行しているといういい方もできます。

しかし痕跡はトレースできても、その樹木がどんな土から栄養を得て、どんな水を吸いあげてきたか。どんな光を浴びて、どんな風に吹かれて育ってきたかは、なかなか検索にはのってきません。痕跡の情報ばかりが肥大化すると、かえって樹木は自分から遠いもののように感じられてしまうのです。

この本を書いた動機は、自分にとっての土、水、光、風を思い出してみたかったからです。土、水、光、風は検索にひっかからないだけではなくて、自分でも忘れてしまいがちです。

思い出すにあたっては、場所が手がかりになりました。だから章のタイトルは場所の名前です。クロニカルに、すなわち年代順に記述するのではなく、場所順に記述するというスタイルになりました。

建築は場所の産物であるということを、最近は繰り返し語り、また実践もしているわけですが、僕という人間自体が場所の産物だったわけです。生まれた場所、住んでいた場所、学んだ場所、決定的な場所のことを思い浮かべると、そこからまた記憶が沸き上がってきます。僕の、考え方、行動の形式、思考の形式、すべてが場所に深く依存しているのだと痛感しました。その意味でも僕は樹木的な人間であると思い至ったのです。

そうやって思い出したことを書き留めておくことは、自分のためでもあり、また若い人達が僕を身近な仲間として、フラットな存在として感じてもらいたいという気持ちもありました。

若い人を意識して、一般教養の教科書という隠し味もつけてあります。たとえばマックス・ウェーバーによる、資本主義分析が出てきたり、宗教と美学との関連性の話も出てくるし、レヴィ＝ストロースも梅棹忠夫も出てきます。

モダニズム建築という言葉にはなれっこになっていますが、そもそもモダンとは何か、近代とはどういう時代なのかということにも、さりげなく踏み込んでみました。学生と話す時も、その手のベーシックな話をすることはほとんどないからです。実は建築や社会を考える上で一番重要な話なのですが、そこまで掘り下げて話し出すと、時間がどれだけかかるかわからないし、ベーシックな話をするというのは、ちょっと照れくさいものだからです。

書くとそれほど恥ずかしくはなかったし、僕自身のパーソナルヒストリー（痕跡）とからめて書くことで、教養というものを、地面の上に引きずり降ろしてこようと考えたのです。

教養というのは、実は毎日を生きていく上でとても力になってくれるもので、それは樹木にとっての土や水のような形で、僕の体を支え、守ってくれているのです。まさに「人はパンのみにて生きるにあらず」なのです。

そう考えて、今までの僕の本とは違う書き方をしました。今までの本は、痕跡のこと、立っている樹木の姿について書いてきましたが、この本は樹木を育ててくれた土、水、光、風が主役で、それが検索可能で目に見える樹木の姿と、どうつながっているかについても、少し触れています。世界はつながっているということが、いいたかったのです。

僕の場所◉目次

第二章 大倉山Ⅱ

第三章　田園調布

第四章 大船

第五章 サハラ

第一章

大倉山Ⅰ

境界人

大倉山という場所で生まれました。東京と横浜との間、正確にいえば東急東横線の渋谷駅と横浜駅の真ん中から少し横浜よりの、小さな駅です。大倉山に、その名前の通りに「山」があってくれたことが、とてもありがたかった。渋谷と横浜の間には、山の名前の付く駅は、ここと代官山しかありません。この「山」がいかなる存在であったかについては、後で詳述します。

当時の大倉山は、都会でもなく田舎でもない、不思議な場所でした。都会と田舎の境界に宙吊りにされていたといってもいいでしょう。

大学に入学して直後に、折原浩[※1]という左系の社会学者から、マックス・ウェーバー[※2]の「境界人」という概念について教わりました。すぐに建築という専門教育が始まらず、教養課程という名の、のんびりとしたモラトリアムを過ごせたことはラッキーでした。自分が生まれた場所について、考える時間を少し持てたわけです。

左系の人達に接することができたのも、教養課程のおかげです。建築というのは、下手をすると資本主義の手先となりやすい、危険な学問です。特に高度成長期の日本の経済は、建築と土木によって牽引されていました。その流れに対して批判的だった折原先生のような人間にめぐりあえたのは、僕にとっての大きな財産でした。

ウェーバーがいうところの境界人は、どちらにも属さず、それゆえに、どちらに対しても（都会に対しても、田舎に対しても）批判的な、意地悪な見方ができる人間です。

境界人であるがゆえに、対立する二項の上のメタレベル（上位レベル）に立てるという見方もありますが、若き境界人の実情は、境界の周辺で、どっちつかずに、ああでもないこうでもないと迷い揺れているわけで、メタレベルという言葉から連想されるような、冷静で偉そうなものではありませんでした。

現在の大倉山駅周辺

境界で生まれ育ったからといって、誰でもその「境界人」「境界子供」になるわけではありません。境界を境界であると認識するためには、境界の両側を移動しなくてはなりません。境界を越える移動をして、向こう側から境界を見なければ、境界は境界に感じられません。

言い方を変えれば、どんな場所だって、何らかの意味で境界なのです。それを発見できる人と、できない人がいるだけです。移動しなければ、自分は自分という自明で凡庸な存在のままで、自分の家は自分の退屈な家のままで、いつまでたっても、そこが境界というスリリングな場所であるとは発見できないのです。

僕にとっての移動は、大倉山と田園調布との間の移動でした。幼稚園時代から、電車に乗って、大倉山という田舎から、田園調布という高級住宅地の真ん中に立つキリスト教系の幼稚園、一種の「エリートの園」に通園していました。

その時に、宙吊りにされた、境界人としての自分が生まれます。田舎に対しても、都会に対しても、同化することのできない不器用な自分が生まれます。

マックス・ウェーバー

折原先生には、同じくウェーバーの代表的著作『プロテスタンティズムの倫理と資本主義の精神』についても教わりました。プロテスタンティズム特有の禁欲、勤勉の精神が、近代の資本主義経済を生み出したという説です。その後の僕の「個人住宅批判」「資本主義批判」「勤勉批判」の原点は、このウェーバー体験、折原体験にあります。

父親がまじめなサラリーマンで、酒を一滴も飲まないカタブツだったことに対する反発から、ウェーバーに惹かれていったのかもしれません。禁欲・勤勉精神が、資本主義のエンジンになっているというウェーバーの説は、父のまじめさに反発していた当時の僕にとって、とても説得力があり、共感できるものでした。

その後、建築を学び始めて、プロテスタンティズムの禁欲主義が、モダニズム建築の、非装飾的で禁欲的なデザインのベースになっているという説を読んで、大いに納得しました。

モダニズム建築のリーダーであったル・コルビュジエ[※3]は、プロテスタントの中でも最も戒律の厳しいことで知られるカルヴァン派の信者の家に生まれました。彼のファミリーは、もともと南仏で暮らしていたのですが、カルヴァン派が弾圧を受けたため、16世紀にスイスの山奥、ラ・ショー・ド・フォンへと逃れ、コルビュジエはそこで時計細工師を父として生を受けました。

時計細工師とは、カルヴァン派の勤勉、禁欲を体現するような職業ともいえます。そのバックグラウンドから、装飾を排した、禁欲的なコルビュジエのモダニズム建築が生まれたともいわれます。

モダニズムのもう一人の巨匠、ミース・ファン・デル・ローエ[※4]も、プロテスタントのファミリーの出身で、確かに、プロテスタンティズムとモダニズム建築とはつながっているのかもしれません。

熱心なカルヴァン派の住居では、窓にカーテンを掛けることすら、許されなかったそうです。カーテンがあると、家の中でヨコシマな行為におよぶ危険があるからで、窓はなるべく大きくして、カーテンは吊るさないというのが、カルヴァン派の家庭の流儀だったそうです。モダニズム建築特有の、大きく透明なガラス窓は、このカルヴァン派の延長線上にあるという説は、説得力があります。

とはいっても、実際のコルビュジエの人生、ミース・ファン・デル・ローエの人生は、禁欲主義とはかけ離れた奔放なものでした。僕の父親も同じことで、母親にいわせると、子供達に対してはめちゃくちゃに厳しかったにもかかわらず、自分の私生活はそれほどでもなかったということです。

プロテスタンティズムの禁欲と、資本主義の強欲とのネジレを、ウェーバーは見事に掘り起こして論理化したのです。同じように、モダニズムの建築の中にも、ネジレがひそんでいました。一方に、装飾を排した徹底して禁欲的な白い壁があり、もう一方に、官能的ともいえる、ダイナミックな流動的空間が生成されます。

コルビュジエやミースの建築の魅力は、このネジレに由来します。モダニズム建築はピュアデザインではなく、ネジレのデザインだったというわけです。マックス・ウェーバーから、近代という時代がネジレていることを教わったことは、その後自分自身で、建築を作っていく上でも、大いに役立ちました。

ゴシック

ウェーバーのロジックを用いて建築デザインの歴史を単純化すると、モダニズム建築はプロテスタント的ということです。逆に、19世紀までの装飾的建築は、カトリック的、ということになります。

装飾的建築にも、古代ギリシャに発する古典主義系と、中世の教会に発するゴシック系とがあります。ゴシック建築がカトリックと直結しているのは誰にでもわかりますが、古典主義様式とカトリックのつながりは少しわかりにくい。なにしろ、古典主義様式は、キリスト以前の古代ギリシャをルーツとする様式なのですから、カトリックとはちょっと違う気もします。

しかし、古代ギリシャの文化的継承者であるローマの建築群は、古典主義様式で見事に統一されている。カトリックの総本山であるバチカンは、ローマの古典主義の集大成でもあります。プロテスタンティズムが、バチカン的な権力システムへの反発であったとすれば、カトリックと古典主義様式との結びつきも納得できます。

僕の好みからいうと、ゴシック様式の方に親近感を覚えます。古典主義様式が、太い柱を構成要素とするのに対し、ゴシック様式はなるべく小さく、細いユニット[※5]で全体を構成しようとするからです。古典主義様式は、形態的にも「中央集権的」で偉そうなのです。細く、小さい単位を組み合わせて作られるゴシックの教会は、しばしば「森」に例えられます。小さく細い木の枝が無数に集合して作られる「森」と似ているからです。森のような建築は、僕の一つの理想です。

プロテスタンティズムは、バチカン的カトリックに対する異議申し立てとしてスタートするわけですが、ウェーバーが指摘したように、その勤勉、禁欲の精神は、産業資本主義の原動力となり、工業化社会の精神的基盤を作りました。

一方、20世紀後半以降、工業化社会をリードした産業資本主義にかわって、金融資本主義が世界の主役に躍り出ます。これは、勤勉とは対照的な、一種の博打的方法で富を得ようとするものですから、プロテスタンティズムとは真逆です。

この金融資本主義に対応する建築スタイルが何なのか、あるいはその強欲な金融資本主義に対抗できる建築的原理は何なのかということに、僕は興味があります。そのヒントがゴシックの「森」のような建築にあるような気がしています。

本経寺

こんな形で、宗教とデザインと経済との関係に僕が興味を持ち始めるきっかけを作ってくれたのが、折原先生です。さらにその元をたどれば、僕の宗教的「移動」体験ということになるかもしれません。

隈家はもともと、長崎県大村の日蓮宗の寺、本経寺の檀家でした。本経寺には、お殿様であった大村家の墓のある一角に、家臣であった隈家の墓があります。殿様のお姫様をお迎えした縁があったからだそうです。

本経寺にある墓は、殿様の墓石も、隈家の墓石も、なぜかとても大きいのです。日本で初めてのキリシタン大名で、天正少年使節団をヨーロッパに遣わした藩主、大村純忠（1533―1587）の後、藩は、幕府の圧力に屈し、キリスト教から日蓮宗へと改宗します。その改宗の事実を幕府に強くアピールするために、本経寺の大村家の墓石は、あのように巨大なものとなったのだそうです。

そんないきさつで、大倉山の家の中には仏壇があって、毎朝、家族全員で手を合わせるのが日課でした。父はこの日課にこだわりました。

それでも4歳になると田園調布のプロテスタントの幼稚園に通い、さらに中学、高校はイエズス会という名のカトリック系修道会が経営する栄光学園です。フランシスコ・ザビエルはイエズス会の創立者の一人で、日本にカトリックを伝えたのはイエズス会です。藩主大村純忠侯とも縁が大ありというわけです。

そういう僕の宗教的遍歴、宗教的移動から、それぞれの宗教を客観視する、境界人的な宗教観が生まれたのかもしれません。そして当然のことですが、宗教は人間のさまざまなものを規定します。デザインも建築も、宗教とは切り離せません。宗教においても、僕のキーワードは移動です。

農家

境界の両側に何があったのか、具体的に説明しましょう。今日の大倉山は、マンションと建売住宅が立ち並ぶ、典型的な郊外の私鉄駅です。

長崎県の本経寺の隈家のお墓で

しかし僕の生まれた1954年は、20世紀を支配した「郊外化」という世界史的現象が、日本で吹き荒れる直前でした。マンションなんてものは一つもなくて、駅のすぐ脇から、田んぼと畑が始まっていました。

僕の家は駅からわずか100メートルの、駅前といっていい距離感でしたが、農家がすぐ裏にあって、その庭先の土地を借りていました。

大家さんであるこの農家のことを、僕は「ジュンコちゃんち」と、横浜弁で呼んでいました。大倉山の山裾に、農家が一列にずっと並んで、農家の前面に田畑が広がっていました。典型的な里山[※6]の風景です。

ジュンコちゃん姉妹とは、年が近かったので、しょっちゅう遊びに行っていましたが、この家が境界人の僕にとっては、実に魅力的で、神話的ですらありました。どう魅力的かというと、そこで、農業という生産行為が行われていて、生き物がいて、生命が具体的にザワザワと循環していて、大地とつながっていたからです。

大倉山の山裾には農家の「ジュンコちゃんち」

二軒しか離れていなかったのに、僕の家や、そのまわりのサラリーマンの住宅は「郊外住宅」で、そこには生命の循環は感じられませんでした。僕の家も含めて、みんな「死んだ家」のように感じられました。

郊外住宅がなぜ死んでいるかについて、『建築的欲望の終焉』（1994年）を書きながら、じっくり考えました。

郊外住宅は、どれも白っぽくて明るいのですが、その本質が暗すぎるから、無理して明るい色を塗っているので、実はみんな死んでいるのです。匂いもしません。

ジュンコちゃんちは、いつも何かの農作業が行われているせいで、いつ行っても匂いがしました。春には春の、夏には夏の匂いが、秋には最高にいい匂いがしました。一生分のサラリーを捧げて、住宅ローンで手に入れた郊外住宅は、何の匂いもなくて、みんな死んでいるようでした。

エンゲルス

そんな考えに到達する触媒となったのは、マルクスと共に『資本論』を書いたエンゲルス[※7]です。彼は『住宅問題』（1873年）の中で、労働者は、家を私有することで、農奴以下の悲惨な状態に堕ちると指摘しています。

住宅ローンによって、家を私有して有頂天になっている労働者は、自分の状態が農奴以下であることに気がつかない。家を手に入れても、彼らの家は一切お金を生むことがない、まさに腐り続けるお荷物で、彼らは家という巨大なゴミに、人生のすべての稼ぎをつぎこんだ、哀れな人達だというわけです。道理でジュンコちゃんち以外のすべての家が、死んだゴミのように感じられたわけです。

僕の母親がさびしそうで、つまらなさそうなのも、この家のせいだと、僕は感じていました。ジュンコちゃんちのお母さんは、日に焼けていて、いつも忙しそうで、少しもさびしそうではありませんでした。しかし、専業主婦だった僕の母親は、時間があるにもかかわらず、少しも楽しそうではなかった。

日曜日は特にそうでした。父親は、明治生まれとしては珍しく、ゴルフが好きで、毎日曜日は、湯河原のゴルフ場に通っていました。母と僕と妹は、家で待っていました。専業主婦って、なんて割に合わないんだろうなと、ずっと思っていました。

母親は、父親よりずっとバランスが取れた人間なのに、何でこの賢い母が家でずっと待たされていなければならないのかが、不思議でした。たぶんそのせいで、専業主婦におさまらない、活発な女性に惹かれるくせがあります。割を食って、家に閉じ込められていた母親を見て育ったからでしょう。

湯河原カンツリー倶楽部

父親が毎日曜通っていた湯河原カンツリー倶楽部は、東京大学の建築学科の教授であった岸田日出刀[※8]が、クラブハウスばかりかコースまで設計しています（1955年）。建築家が設計したコースらしく、直線ばかりで構成された、不思議なデザインのゴルフ場です。

丹下健三「倉吉市役所」1956年

岸田は、東大の「安田講堂」（1925年）の設計者として知られていますが、弟子であった丹下健三[※9]の才能を見出し、丹下を引き立てて、世に出したことでも有名です。

たとえば丹下の出世作の一つである「倉吉市役所」（1956年）は、そもそも、倉吉が岸田の出身地で、岸田に依頼された仕事でした。自分で設計することもできたわけですが、それをわざわざ弟子の丹下にふったいきさつに関しては、諸説があります。僕が気に入っている説は、岸田が、ドイツの女性のせいで設計の筆を折ったという説です。

戦前に幻の東京オリンピックがあったことはご存じでしょうか。1936年にベルリンでオリンピックが開かれ、1940年のオリンピックは東京でと、IOCは決定しました。岸田は、オリンピックの視察団の団長として、1936年、ベルリンを訪れました。岸田を中心として、東京オリンピックの建築群が設計されるはずでした。

しかし、歴史はここから大きく揺れ始めます。第二次世界大戦が勃発し、東京オリンピックは中止されます。

岸田は個人的にもちょっとした揺れを体験します。ベルリン滞在中の岸田は、あるドイツ女性と恋に落ちます。森鷗外が、ドイツ留学中に、エリスという名のドイツ女性と恋に落ちたのとよく似た話です。

エリスが、鷗外を追って日本にやって来たように、岸田の彼女も、海を越えて日本にやってきて、岸田の千葉の家をノックします。鷗外も岸田も、女性にもてたということで、悪い話ではありません。

岸田は、彼女をドイツに帰らすために、建設会社を営んでいたこわもての教え子にすがったという噂もあります。

自分一人の力ではどうしようもなかった。それほどに岸田は悩み苦労し、それ以降、すっかりと懲りて、火遊びには手を出さず、設計などという「遊び」には手を出さず、建設業界のフィクサーとしての、堅い人生を送ったという説です。岸田は相川音頭という、佐渡島に伝わる民謡の名手で、岸田の弟子達は、岸田に仕事を世話してもらうために、相川流の稽古に精を出したそうです。

事の真偽は不明ですが、少なくとも、あれだけ設計が好きで、当時の最先端である分離派のデザインの流れを引く美しい安田講堂を設計した岸田が、設計の筆を折ったことは事実です。浪人を繰り返し、芸術としての建築を目指していたやんちゃな丹下に、岸田は、自分の失われた人生を託したようにも見えるのです。

その岸田も、ゴルフだけは生涯続けました。全日本のシニアのチャンピオンになるほどの腕前でした。湯河原カンツリーの、あの不思議としかいいようのない直線的なコースでプレーするたびに、岸田と丹下とドイツ人の女性のことを想像します。

大学に入った僕を、父は湯河原カンツリーに連れて行ってくれました。コースは直線で、しかも、地面から盛り上げられた形の人工的形態の「砲台グリーン」が多いユニークなコースでした。

この砲台グリーンはショットの正確さがないと、そして、小技がうまくないと攻略できません。大学生で、距離は出るけれども小技はまるでだめだった僕は、湯河原には不向きでした。まったく父の相手にはなりませんでした。岸田もこの直線コースと砲台グリーンの湯河原で技を磨いて、全日本シニアチャンピオンに輝いたのでしょう。

岸田と丹下は、日本のモダニズム建築の中で重要な役割を果たしました。カルヴァン派に通じる、勤勉と禁欲がモダニズムの原理です。あたかも湯河原カンツリーの直線的コースのようです。

しかし、実際に、モダニズムとは、そんなに単純なものではなかった。コルビュジエの人生を見ても、岸田や丹下の人生を見ても、直線とはほど遠いものでした。コルビュジエの後半生の作品が、曲線と質感に満ちた力強いものに変化していく様子を振り返ると、直線では拾い切れないものの重さがわかります。

実際の湯河原カンツリーも、幾何学を超えたもの達に取り囲まれています。直線をはずれると、手強いブッシュ（茂み）や、深い谷が待ちかまえています。その困難、あるいは醍醐味を、僕は湯河原でたっぷりと岸田から教わりました。

孔、橋

ジュンコちゃんちの中でも、僕が一番気になっていた場所は、山に向かって深く掘られた防空壕でした。母は空襲警報が鳴ると、この山にあけられた孔《あな》の中に走って逃げ込んだということです。母はそこで『モンテ・クリスト伯』を読みふけったそうです。

この孔がとてつもなく暗く、深かった。ガマガエルも、ムカデも棲んでいた。怖く、恐ろしくて、僕はこの防空壕の終点を確かめることができませんでした。

さらに防空壕の前には、岩盤を切り込んで、とてつもなく深い池が垂直に掘ってありました。そこでジュンコちゃんたちとザリガニを釣り上げて遊びました。

この暗い池の底に糸を垂らしていくのですが、なかなか底まで届かないのです。その不思議な深い池の底から、まっ赤なザリガニを引き上げるのです。

この孔に棲む生物をおびきよせ、それと格闘することは、田んぼのあぜ道でザリガニを採るのとは比較にならないくらいに、刺激的で哲学的な作業でした。この深い池のザリガニは、とりわけ色が濃かったような気がします。

孔は僕の建築の大きなモチーフになりました。「那珂川町馬頭広重美術館」（2000年、次頁上）や「竹の家」（２００２年、次頁下）「ブザンソン芸術文化センター」（２０１２年、37頁）には、どれも建築の真ん中に大きな孔があけられています。

孔はさまざまな形状をしていて、ギャラリーとかアトリウムとか、いろいろな名前で呼ばれます。いつからか、自分が作りたいのは建築ではなくて、孔なのだと考えるようになりました。

では孔のような建築とはどんなものなのでしょうか。

建築は塔なのか洞窟なのかという議論がしばしば行われてきました。建築のモニュメンタリティを重要視する人々は、「建築とは塔である」と定義し、逆に建築とは体験の連鎖であると主張する人々は、「建築は洞窟である」と定義します。

建築の本質をめぐる二項対立にはさまざまなバリエーションがあり、20世紀後半に影響力のあったイタリアの建築史家、マンフレッド・タフーリ[※10]は、「ピラミッド対迷宮」という形にそれを言い換えました。

この種の定義の中で、僕が最も気に入っているのは、ハイデガー[※11]が「建てる、住む、思考する」という講演（１９５１年）の中で述べた、「建築とは橋である」という定義です。これを読んだ時、目の前に立ち込めていたさまざまな疑問が、さっと晴れるような思い

「那珂川町馬頭広重美術館」2000 年

「竹の家」2002 年

がしました。

なぜ橋かというと、建築は必ずどこかとどこかをつなぐ存在だからだというのです。この定義はもちろん構造のことをいっているわけではないのですが、構造という視点から見ても、建築は、複数の支点の存在を前提としているという当たり前のことに、ハイデガーは気がつかせてくれます。

ラーメン構造[※12]にしろ、シェル構造[※13]にしろ、複数の支点に支えられて初めて建築は安定するわけで、それは塔のような細長い構造物にも当てはまります。細長くても、高くても、複数の支点がなければ、建築は建たないのです。ハイデガーの比喩は卓抜です。

さらに構造的側面を超えて、この定義は建築という行為の本質を見事にいい当てています。建築という大きさのものを建てるということは、ある種の共同性を前提とするのです。複数の人、異質な人の共同がなければ、そもそも建築を建てることはできません。

立ち上がった建築も、結果として、そこに共同性を生み出します。個人の建築というものは、ありえないのです。複数の人間、集団、社会に建築の影響が及びます。建て主や設計者という個人の意図を超えて、複数の人間をつなぐのが、建築の宿命だとハイデガーはいうのです。何と神話的で雄大な定義なのでしょうか。

「ブザンソン芸術文化センター」2012年

塔か洞窟か、あるいは形態か体験かという二項対立を超えた知性を、僕はハイデガーに感じます。僕が捜している孔としての建築は、洞窟というより、ハイデガーのいうところの橋に近いものです。

孔は体験の場、現象学的存在である以上に、何かと何かをつなぐものです。洞窟の奥に何があるかはわかりません。しかし、孔の向こうは抜けていて、何かがあり、孔は向こう側へと開かれています。向こう側のものと、こちら側をつなぐのが孔です。

孔はまたその左右をつなぐものでもあります。左側にある空間と、右側にある空間が、孔を媒介として会話を始めます。孔はそのようにして、何重にも、ものともの、人と人、社会と社会をつなぐものです。孔は洞窟のように閉じたものではなく、共同性を喚起する、明るくて開かれたものです。

「長岡市役所（アオーレ長岡）」（2012年、次頁上）の真ん中に、ナカドマと名づけた大きな孔をあけた時、孔は人と人を結びつけるものなのだと、実感しました。

広重美術館の孔や、竹の家の孔では、人間と自然を結びつけようという意識の方が強かったのですが、長岡の孔は、人と人とを結びつける孔です。長岡の孔の床は土です。昔の農家の土間のように土とすることで、やわらかさと湿り気を与えました。孔の内壁（壁、天井）にも、地元産の皮付きの杉材を使うことで、孔に生物的なあたたかさが加わりました（次頁下）。孔は建築を生物にします。

単に物理的、幾何学的に孔をあければいいわけではなく、そこに十分に生物的なやわらかさがあって初めて、孔が人と人とをつなぐのです。

ガマガエル、ムカデの棲む大倉山の防空壕、まっ赤なザリガニの棲むため池から、僕の孔は始まりました。どの孔も、暗くて、湿っていて、生き物が棲んでいました。

モダニズムが抑圧したもののすべてが、孔の中でうごめいていました。怖かったけれども、引き寄せられました。工業化社会では嫌われてしまった暗く湿った孔を、一つずつ復活させたいのです。

「アオーレ長岡」2012 年。建物中央部がナカドマと呼ばれる広場＝孔

同、皮の付いた杉板を斜めに使いナカドマに面した壁をデコボコさせている

里山

大倉山にあけられた竪孔や横孔は、里山と街をつないでいました。

子供の頃には里山という言葉は知らなかったので、ただの家の裏の山にすぎません。しかし、大倉山は、典型的な里山でした。日本中に里山があって、横浜みたいな大きな都市ですら、そのはしっこには里山があったのです。

日本はどうして里山だらけだったのか。日本人の生活が、里山という基盤によって支えられていたからです。

里山には森がありました。この森の木は、焚《た》き木であり、それがなくては調理もできないし、冬を越すこともできませんでした。里山はエネルギー源そのものでした。東京電力も東京ガスもなくて、森からすべてのエネルギーが供給されていました。同時に森は材木であり、建築材料でした。堆肥であり、肥料でもありました。

この森なしでは、農業すらできなかったのです。生活のすべてが里山に依存していたのです。里山なしでは、生きていけなかったのです。

工業化社会の中で、人々はこの里山のことを忘れてしまいました。エネルギーも材料も肥料も、すべて大都市（たとえば東京）からやって来るようになったからです。

里山を大事にする必要はなくなりました。里山の方を見ている必要はなくなりました。大都市の方だけ見ていれば、すべてが事足りるようになってしまったからです。

景山春樹の『神体山』（1971年）という本を学生の時に読んで、目を開かれましたが、具体的に里山とかかわるようになったのは、栃木県の馬頭町（現・那珂川町）に、広重美術館を設計した時です。

「那珂川町馬頭広重美術館」と里山

馬頭町にもまた、里山がありました。メインの街道と、里山に分け入って神社に向かう参道が直交するのが、日本の集落の基本構造です。
馬頭町の中心を走る街道は、奥州街道でした。直交する参道の突き当たりが神社と里山です。「里山を大事にしろ」というのが、人々が神社に込めたメッセージです。
里山の森が失われたら、村の生活そのものが成立しなくなること、自分達が生き続けていけないことを、人々はよくわかっていました。だから人々は、里山に神社を建てて、里山の自然を保全したのです。しかし、馬頭町でも、神社は忘れられていました。

だから僕は、広重美術館に、大きな孔をあけました。孔の向こうに神社が見えます。孔は、神社と人間をつなぐ装置であり、里山と街をつなぐゲートです。美術館という建築を作ろうというより、孔を作って、街と山とを、もう一回つなぎ直したかったのです。

シングルスキン

その時、孔の中をどうデザインするかが、とても重要です。孔の中には、人間をやさしく包み込んでくれるような、やわらかさと、一種の湿り気が必要です。

広重美術館の真ん中を貫く孔は、天井も壁も木のルーバー[※14]で仕上げられています。木のルーバーで仕上げると、木の板を張って仕上げるよりも、やわらかな感じが出せます。孔の表面が固く閉じてしまわずに、細い襞のような感じになるからです。

広重美術館の場合、天井も壁も屋根も、同じピッチ[※15]、同じ寸法のルーバーで覆われています。この考え方を、僕はシングルスキンと呼んでいます。シングルスキンで覆うことで、ただのヴォイド[※16]が孔になります。

壁は壁、天井は天井というように、それぞれを分節してしまうと、孔になりません。分節は、脳が得意とする人工的な操作です。分節してしまうと、空間が人工的な硬いものになってしまって、孔ではなくなるのです。同じ質感、寸法、キメを持つ一つの皮膚で覆われて、初めて、われわれはそれを、孔として感じるのです。

シングルスキンは、孔をデザインする時だけの手法ではありません。広重美術館でいえば、襞のようなルーバーで、外壁も屋根もすべて覆われています。

ここまで執拗に、一つのスキンで建築を覆うのは、建築を一つの生物にしたいからです。シングルスキンは生物の皮膚の大事な特徴です。単一の皮膚が、腹とか背中とかいった部位に与えられた異なる環境条件に応じて、微妙にグラデーショナルに変化していくのです。シングルスキンが微妙に変化するので、裸でも生きていけるのです。

逆に人間が脳で考えた建築では、シングルスキンは嫌われてきました。部位と部位（たとえば壁と天井、エレベーターシャフトなどのコアと大開口）を分節するために、それぞれを対照的なスキンで覆うのが一般的でした。建築を脳でデザインすると、つい分節してメリハりをつけたくなるのです。脳で考えたことを、自慢したくなるのです。

僕は逆に、建築を脳の産物から解放したいのです。脳で作った建築は、理屈が主に出すぎていて、ぎくしゃくして、硬いからです。シングルスキンで何もかも覆うと、建築に生物的な大らかさ、やわらかさが生まれてきます。

床

ジュンコちゃんちのもう一つのすごさは、床下にヘビが棲んでいたことです。棲んでいたというか、飼っていた。

ジュンコちゃんはこの緑色の長いヘビが自慢でした。台所の床には木でできた四角い「扉」があって、そこをあけると、光り輝く青大将が顔を出すのです。床の下に、何かが生きている。そこに自然そのものがあるということに驚かされ、感動しました。ちょっと気持ち悪かったけれど。

都会の地面は、コンクリートやアスファルトによって固められた、「死んだ地面」です。

ジュンコちゃんちの地面は、生きていた。蟻もいるし、ミミズもいるし、ヘビの臭いもした。床の板、一枚の下に、そんな生きた地面がある。地面という生き物の上に住んでいるという一番大事なことに、「死んだ家」の硬くて乾いた床の上に住んでいる人間は気が付かないのです。

僕の建築にとって、床が重要な部位になったのは、この青大将の一件以来です。床を通じて、人間という生物は、大地という自然と直接つながっています。

壁にも天井にも、人間の身体は触れていない。しかし、人間の身体は床に触れないわけにはいかない。人間には質量があり、質量には重力がかかるからです。その結果、身体は床を全力で押し続けている。自然という存在を押し続け、自然から押し返されることで、人間の身体は、自然と一つになっているのです。

その決定的な人間の宿命を、繰り返し僕らに突きつけてくれるくらいの、強いどっしりとした床を作りたいと、僕はずっと考えてきました。

たとえば、「那須歴史探訪館」（2000年、47頁）の床。栃木県那須というと、那須高原とか、リゾートを想像する人が多いかもしれませんが、歴史探訪館は、そんな浮わついたリゾート的イメージとは対極の、ずっしりとした建築にしたいと考えました。那須のはずれの、御殿山と名付けられた地味な里山の裾にあります。里山の裾という立地は、ジュンコちゃんちと同じです。

建築の床を人工的な存在にしたくなかった。床を地面そのものにしたかった。そのために、この建築では、内部の床と外部の床を完全にフラットにして、その間のガラスを土に突き刺しました。

ガラスを固定する枠を地面に埋めれば可能なディテールですが、こんな非常識なディテールは普通はやりません。汚い「土」と上品なガラスが直接触れるなんて、20世紀の工業化社会流の、潔癖な建築観からすると、耐えられないでしょう。工業化社会では、大地と建築を切り離すのが大前提だったからです。

土間

長岡市役所（アオーレ長岡）でも、地面にこだわりました。この市役所では真ん中に大きな孔を作りました。そこを農家の土間のような湿り気のある場所にしたかったのです。

「那須歴史探訪館」2000年

土間を土の間と書くということが重要です。土と人間とが接する場所だから、そこは土間なのです。

山裾のジュンコちゃんちには、玄関と土間という二つの入り口がありました。日本の農家の一般的な作り方です。僕らガキは玄関というフォーマルな入り口とは縁がなくて、いつも土間から、ずかずかと出入りします。

土間の床は、土に石灰を混ぜて固めただけの、三和土《たたき》という材料で作られています。いつもやわらかくて、湿っています。硬くて、乾いた玄関とは全然違う、しっとりした空気感です。

長岡市役所では、広場ではなく、この

湿った感じの土間を作りたかった。ヨーロッパには、評判のいい広場がたくさんありますが、どれも硬くて乾いていて、実際のところ、僕自身はあまり好きになれません。地面というものに対する感性に、そもそも民族的な差異があるのではないかと感じます。

チュニジアのローマ遺跡を回ったことがあります。チュニジア、アルジェリア、リビアなどの北アフリカにも、ローマ遺跡が数多く残っていて、美しい神殿も多くあったのですが、その建て方が地中海の北側とはまったく違うのです。

正確にいうと、地面の定義の仕方、地面と建築との関係性が、地中海の北と南では、対照的です。北側、すなわちヨーロッパ側は、地面の上に直接神殿を建てません。基壇と呼ばれるプラットフォーム（台）を作って、その上に神殿を建てるのです。

地中海の南側のアフリカ側の人は、プラットフォームを作りません。大地の上に、直接神殿を建ててしまうのです。手を抜いているのではありません。神殿自身のデザインはそれほど変わらないところが面白いのです。アフリカの人々は、地面自体を神聖なものだと考えていたので、プラットフォームを必要としていませんでした。

しかし、ヨーロッパの人々は、地面を、土を、それほどには愛してはいませんでした。だから土の上に基壇という人工的な台を作って、その上に神殿を建てたのです。土を不浄なものと考えて、土と神殿を切りたかったのです。

古代ギリシャ、ローマに起源を持つ、古典主義建築という様式があります。ギリシャのパルテノン神殿を思い浮かべていただければいいのですが、古典主義様式は、基本的には基壇建築です。地面の上にまず、基壇を築いて、その上に建築を建てるのです。パルテノン自体、アテネの中で、基壇のような形をした丘を選んで、それでは足らずに、さらにその上に石で基壇を築き、その基壇の上に列柱を建てて神殿としました。

しつこいぐらいに基壇が重なり、大地との切断が繰り返されます。それほどに、大地と縁を切りたい、湿って汚い土と縁を切ってしまいたいというのが、ヨーロッパを2000年間支配した、古典主義建築の本心なのです。

ヨーロッパの広場も同じです。土という不浄なものの上に、硬くて乾いた石を敷き詰めて、大地から離れたかったのです。その考え方の行き着いた先が、20世紀のモダニズム建築のピロティ[※17]です（51頁）。

細い柱を使って、建築を大地から切ることに、コルビュジエは執拗にこだわりました。モダニズム建築と古典主義建築は、実は同類なのです。20世紀の歴史家、たとえば、エミール・カウフマン[※18]、コーリン・ロウ[※19]が、二つの様式の類似性を、いろいろな観点から指摘しています。二人は20世紀と21世紀をつなぐヒンジのような人達で、僕は彼らからいろいろなことを教わりました。

黄色い長靴

僕は、子供の頃から、地面に関心がありました。そのことと、長靴ばかりはいていたこととは、関係があります。正確にいうと、長靴が好きだったわけではなくて、裸足で長靴をはくのが好きだったのです。もちろん晴れた日にもです。そうすると、土の感触が直接足の裏に感じられて、とても幸せな、安らいだ気分になるのです。晴れた日に長靴で走り回る、ちょっとあぶない子供です。

さすがに晴れた日に、小学校には長靴で行くわけにはいきませんでした。アスファルトとコンクリートで土がカバーされた田園調布の街や小学校で長靴をはいても、そもそも楽しくありません。

その硬い場所から、やわらかい大倉山に帰ってくると、靴下を脱いで、黄色い長靴に足を突っ込んで、ジュンコちゃんちの裏の里山に突入するのです。そこは実際に、沢もあり、泥んこもあり、やぶもあって、長靴は実用面でも役立ちました。しかしそれ以上に、精神面で、この黄色い長靴が果たした役割はとても大きかった。

ある女優が、どうやって役づくりをしますか、という質問に対して、「靴を変えます」と答えていたのが、とても印象的でした。

確かに靴を変えると、自分と世界との関係性が変わったような気分になります。世界との関係性が変わるというのは、すなわち自分が変わることです。自分という確固としたものがあるというより、身体と世界との関係性こそが自分なのではないかと、僕は考えます。服にも世界との関係性を変える機能はありますが、靴のような直接性はありません。

小学生の僕は、黄色い長靴と、むき出しの足を媒介として、世界とつながろうとしました。なぜなら、生物にとって、世界というのはまず地面であり、床だからです。

ル・コルビュジエ「サヴォワ邸」1931年

そのせいか、今でも人のはいている靴が気になります。この人はどう世界とつながっているか、どう自然と接続しているかが、靴を通じてわかってしまうからです。靴に無神経な人とは、あまり友達になりたくありません。

その意味で建築は靴に似ています。大地と身体を仲介するからです。

竹ヤブ

この黄色い長靴が最も役に立つのは、ジュンコちゃんちの裏の竹ヤブでした。この竹ヤブの急斜面を駆け上がるのが、大倉山の尾根に登る近道だったからです。尾根なんていっても、横浜の里山ですから、大した高さではないので、わざわざ近道をする必要もないのですが、この竹ヤブの斜面自体が、僕にとっては、たまらなく魅力的だったのです。まず、竹ヤブは、まったく別の種類の光で満たされていました。街とはもちろん違うし、普通の森ともまったく異なる種類の、光と音と匂いとで満たされていたのです。さらにいいことに、小道もなかった。

道は人間の行動を規制しますが、この竹ヤブにはそういう縛りがなくて、身体は何物にも縛られず、まったく自由でした。竹につかまりながら登ると、どんな急斜面も少しも怖くないのです。緑色をした水の中を泳いでいるようでした。

一応長靴ははいていたけれど、中はむき出しの裸足だったから、裸で水の中を泳ぎ回っているような感覚でした。重力をも克服して、自由に上昇し、下降し、そして水平に、斜めに、泳ぎ回るのです。

僕が竹を建築にしばしば使うことと、この竹ヤブ体験は、きっと関係があるのでしょう。僕の竹の使い方は少し変わっていると思います。竹を建築材料として使いたいというより、竹ヤブをそこに作りたいと、考えてしまうのです。

竹という材料ではなく、竹ヤブという状態なのです。竹の質感というよりも、竹ヤブの光と音と手触りなのです。

中国の万里の長城の脇に作った竹の家（55頁）は、竹を徹底的に使った建築ですが、建築を作りたいというよりも、竹ヤブを作りたいという気持ちの方が強かった。

万里の長城のあたりは寒く、乾燥していて、最初に訪ねた時から、さびしい気分になってしまいました。そこに何とか、やわらかさと湿り気を持ち込めないだろうかと考えた結果が、あの竹の家です。

造成せずに、元の地面の勾配をそのままにしたのも、そこに建築ではなく、竹ヤブを作りたかったからです。

このやり方は、近くの万里の長城から学びました。万里の長城は、地面に手をつけないというルールで作った、巨大建築です。地面に手をつけたらきりがないことを、現実的な中国人はよくわかっていました。

竹の家の内部の床レベルもさまざまに変わるので、まるで竹ヤブを登ったり、すべり降りたりするような、無重力感があります。孔と呼んでいる部分には、水が張ってあって、大きな竹の箱の中に、さらに竹の小箱が浮いたような構成になっています。竹が重層し、入れ子になることで、空間に湿り気が生まれ、ヤブっぽさが生まれました。

中国には「竹林の七賢」という故事があり、竹ヤブは一種の反都市性、反権力の象徴として扱われてきました。僕の竹の家も、正確にいうと、「竹ヤブハウス」というわけです。反都市、反権力としての竹ヤブです。

北京オリンピックの時に、映画監督のチャン・イーモウが、この竹の家で、オリンピックのＣＭを撮影しました。田舎育ちのチャン・イーモウが、この竹ヤブハウスを気に入ってくれたのは、偶然ではないでしょう。

その後も竹を使う時は、いつも竹ヤブ的に使っています。浜名湖の博覧会（パシフィック・フローラ）のゲートパビリオン（２００３年）は、天井から無数に竹が吊るされていて、まるで竹ヤブを通過して博覧会場に入るといった感じです（57頁上）。竹ヤブの暗がりを通り抜けて、山の尾根の明るいところに飛び出していった、僕の子供時代の日常の再現です。

「竹の家」。造成せずに、建築を傾斜に合わせた

「根津美術館」（２００９年）のアプローチも、竹ヤブです（57頁下）。根津美術館は、東京を代表するファッションストリートである表参道の突き当たりにあります。表参道の軽い気分から、根津美術館のちょっと落ち着いた気分へと転換するためのゲート、フィルターのようなものが必要だと考えました。それには竹ヤブしかないだろうと、設

計の最初の時から考えていました。

昔の人は、鳥居一つくぐるだけで、門一つ通り抜けるだけで、気分を転換できたのかもしれませんが、今の人間は鈍感になってしまったから、そうはいきません。子供の頃テレビで見ていたタイムトンネルと同じくらいの、奥行きがあるゲートを通過させないと、気分の転換ができないと考えて、竹ヤブを用意したわけです。

正確にいうと、片側は本物の竹ヤブで、片側は竹で作った格子です。両側に竹があることが大事で、片方だけだと、竹ヤブ感が出てこないのです。この竹ヤブ的通路の上に、大きな庇がかけてあるので、光は直接入らず、必ず右側の竹ヤブに濾過されます。大倉山の竹ヤブと同じ、緑色の特別な光で満たされます。

崩れかけた家

大倉山は、境界に位置していたせいで、生きた家と死んだ家がありました。僕が生まれたのは1954年ですが、1960年代の大倉山では、死んだ家が、驚くほどの勢い

「浜名湖花博 メインゲート」2003 年

「根津美術館」2009 年、アプローチ

で増殖していました。

死んだ家は、芝生のお庭のある、白い家です。アルミサッシが出始めの頃で、窓枠もシルバーでピカピカです。インテリアは、ビニールクロス貼りで、蛍光灯が煌々と輝いていました。死んでいることを隠すために、つるつるして明るいのです。

僕の家だけは、まったく違いました。一言でいえば、暗くてボロボロの、壊れかけた、木造の平屋です。サッシももちろん木製だったし、赤い色をした白熱電球のせいで、暖かかったけれど、暗かった。

父の祖父母は、長崎、大村の人間でしたが、父が子供の頃に、当時流行った結核で夫婦とも亡くなって、父は日本橋の瀬戸物屋を営んでいた親戚に預けられ、10歳の頃から、日本橋をウロウロしていました。

大倉山の家を作ったのは母方の方の祖父です。東京の大井で、開業医をしていました。人とはあまり口をきかない物静かな医者で、釣りにしか興味がないように見えました。

釣りにはまる前には、野菜を育てるのに興味があって、ジュンコちゃんのおじいちゃんとかけあって、小さな土地を借り、週末になると、開業していた大井から大倉山までやってきて、だまって土いじりをしていたそうです。そのための小さな畑の脇に建てた小屋が、後で僕んちになった、というわけです。

祖父が家を建てたのは1933年。戦争直前の、まだのんびりとしていた時代でした。だから外壁も土壁だったし、インテリアも漆喰。その漆喰が割れて、ぼろぼろと崩れて、畳の上はいつもザラザラとしていました。父はガムテープをベタベタ貼って、ようやく壁の崩壊を止めていました。

積み木

このザラザラした畳の上で、僕は2歳の頃からずっと積み木遊びばかりしていました。何時間でも、よだれを垂らしながら、僕は積み木を続けていました。机の上に積み木を立ち上げるのではなく、畳の上でゴロゴロと寝転びながら、小さな木製のピースを並べたり、組み立てたりすることが、僕にとっては無上の快感でした。

遊び終わると、そのまま畳の上で昼寝をしました。最初は、三原色に塗られていた木製の積み木が、次第に色が剥げ落ちてしまって、畳の色と同化していました。その畳と木とが融けた状態が、僕にとっての幸福でした。

小さな木のピースがパラパラと散らばった状態が、今でも僕の理想空間です。気に入らなかったらすぐに壊し、ただの畳に戻せることが、僕にとっては重要でした。取り返しがつくからです。

僕は建築をやっているのに、いつまでたってもコンクリートがあまり好きになれません。コンクリートが、取り返しのつかない材料だからです。最初は水のように形がないくせに、一度固まってしまったら、どうしようもなく重く硬い存在になって、もう取り返しがつかないのです。木造建築は逆に積み木的です。積み木とまではいきませんが、いつでも元に戻せるような気楽さがあります。

積み木のように粒子状の物体がパラパラと散らばった状態のことを、今は少し気どって、建築のデモクラシーなどと呼んでいます。日本の伝統的木造住宅はかなりデモクラティックです。誰もが建設に参加し、解体にも参加できる状態が、究極のデモクラシー建築です。コンクリートは反デモクラシーで、全体主義的です。

千鳥

積み木の自由さこそが、僕の原点です。この自由な状態を、実際の建築で追求したのが、「ＣＩＤＯＲＩ（チドリ）」から始まった一連のプロジェクトです。最初のＣＩＤＯＲＩは、ミラノの領主であったスフォルツァ侯の城の中庭に作った、テンポラリーなパビリオン（２００７年）です。

二週間だけ存在する仮設のパビリオンという依頼でした。ぱっと作ってぱっと解体できるシステムのスタディをしているうちに、不思議なシステムが日本にあったことを発見しました。

「CIDORI」2007年

飛騨高山に伝わる、千鳥という名の木製のおもちゃです。一種の積み木ですが、ただ積み上げるのではなくて、部材同士を編むようにして組み上げていくジョイントのシステムがユニークです。

このおもちゃの原理を建築へと応用したものの

が、ミラノのＣＩＤＯＲＩです。大倉山時代の最高の友人であった積み木の進化形です。さらに進化をもう少し進めて、このデモクラティックな建築システムを、より恒久的な建築へと展開したのが、「ＧＣプロソミュージアム・リサーチセンター」（２０１０年、次頁上）です。

このシステムはさらに、「スターバックスコーヒー 太宰府天満宮表参道店」（２０１２年、次頁下）、「サニーヒルズ・ジャパン」（２０１３年、65頁上）へと進化していきました。どのプロジェクトでも、木の細い部材はインテリアの飾りではなく、建築を支えている重要な構造部材です。それが積み木の積み木たるゆえんです。

取り返しがつかず、増改築がしにくいという、コンクリートの全体主義的性格に抵抗しているうちに、木の積み木がどんどん進化を遂げていったわけです。このような進化が可能であったのは、日本の木造建築が継承してきた繊細な技術と、コンピュータによる高度な構造計算技術を合体させたからです。そういう強力なタッグによって、僕の中に埋もれていた「積み木の夢」が、現実の建築物という形をとるに至ったわけです。

積み木が少しずつ、建築へと近づいていったプロセスを振り返ると、最初のヒントをくれた千鳥という言葉が、これらのプロジェクトの本質をいいあてているような気がし

「GC プロソミュージアム・リサーチセンター」2010 年

「スターバックスコーヒー 太宰府天満宮表参道店」2012 年

ます。

千鳥というのは無数の鳥ということです。鳥と鳥が、ある間隙《かんげき》をとりながら、空を飛ぶ姿です。無数の鳥が一つの群れを構成して空を飛ぶように、小さな断片が集められて、建築という大きな全体になるのが、僕の理想です。鳥の群れが刻一刻と姿を変える柔軟さも、建築のしなやかなデモクラシーを目指す僕には、とても魅力的です。

千鳥格子というと、チェッカー模様、すなわちダミエ[※20]のパターンです。このパターンのことも、日本人は千鳥と呼んでいました。エッシャーの「空と水Ｉ」（１９３８年）という絵が描かれるはるか以前に、鳥が空を飛ぶような軽やかさ、無重力感を、日本人は、このパターンの中に見出していたのです。

エッシャー「空と水Ｉ」1938年

　飛騨高山伝来の千鳥のシステムにはまる前に、僕はチェッカーパターンにはまっていました。最初に使ったのは、「Ｌｏｔｕｓ Ｈｏｕｓｅ」（２００５年、次頁下）です。蓮池を家の前に作りたいという建て主の一言で、このデザインがひらめきました。蓮の花弁のように、トラバー

「サニーヒルズ・ジャパン」2013 年

「Lotus House」2005 年

チンという名の白い石を、空中に漂わせたのです。

次に大々的に千鳥のパターンを使ったのは、長岡市役所です。長岡では、単に、チェッカーパターンにするだけでは満足できずに、面をデコボコさせました(39頁下)。その方が、面がより軽やかになって、市役所のような大きな公共建築ですら、鳥が飛んでいるかのように軽やかになるだろうと考えたからです。

長岡市役所は、市役所という存在を、気楽な存在へと引き降ろしてくるかがテーマでした。そこから、建築の「千鳥化」を思い付いたのです。

長岡市役所という名前も重すぎるので、市民から愛称を募集し、「アオーレ」という名前が付きました。地元の中学生の女の子が付けた名前で、長岡弁で「会おうよ!」という意味です。

次に、アオーレに合ったロゴやサインを考えようということになって、グラフィックデザイナーの森本千絵さんに頼みました。上から目線でデザインせずに、みんなを巻き込んで、ノリノリでデザインする彼女の明るさが、この新しいタイプの市役所にはふさわしいと考えたからです。

彼女は外壁のパターンを見て、「これは鳥だよね」と叫びました。そこから「アオーレバード」という名前の鳥が生まれました。

長岡市役所のいろいろな場所に、アオーレバードが飛んでいます。鳥の力を借りて、建築という重たい存在を、長岡の空に飛ばしてしまおうというチャレンジだったともいえます。そういえば長岡には有名な花火もあって、そもそも空と縁のある場所なのかもしれません。

このチェッカーパターンの外壁を、長岡の郷土資料館の先生にお見せしたところ、面白いお話を聞きました。江戸時代、長岡のお城の襖《ふすま》は、千鳥のパターンだったというのです。

サインとしてデザインされたアオーレバード

普通の襖紙は、一つの大きな絵柄です。それはスケールも大きく押し出しもいいのですが、一箇所傷がついたり、破れたりすると、絵柄が一つなので、襖一枚まるごと貼りかえなければならず、手間も費用も大変です。長岡式の千鳥パターンだと、一箇所が傷んだら、その傷んだ紙だけを貼りかえればいいのだぞうです。さすがに長岡藩らしい、質実剛健で、合理的なシステムだと感心しました。

長岡藩は、毎日の米を節約してまで、将来を担う子供の教育を重視する「米百俵」の逸話や、幕末の名臣河井継之助による最新兵器アームストロング砲導入のエピソードなど、合理主義でデモクラティックな気風で知られ、長岡の人は今でもそれを誇りに生きています。

襖の紙の千鳥パターンにも、長岡らしい知恵が垣間見えます。僕らが建てた長岡市役所の敷地は、まさにお城が立っていた場所で、千鳥には偶然を超えた因縁のようなものも感じました。

実は襖紙の千鳥パターンと同様に、僕らのチェッカーパターンも、一種の経済的合理主義の産物なのです。もし雨風で一箇所が傷んだら、そのパネル一枚だけを取り替えればいいのは、襖と同じです。それ以上に大きいのは、チェッカーパターンとすることで、材料費が半分で済むということです。もし、千鳥にせずにべたっと木で外壁を覆いつくしてしまうと、材料費は倍かかります。

大きな壁をべたに木で覆うと、木が木に感じられないという問題も見えてきました。近くに寄って眺めれば、確かに木なのですが、遠目でみると、木のもっている凹凸のある質感や、微妙な色のバラツキが感じられなくなってしまうのです。

しかし千鳥で張ると、材料費は半分になるうえに、木の質感がしっかりと感じられるようになりました。千鳥というのは、魔法のように、いろいろな効果を秘めているのです。

隙間

これは、千鳥を千鳥たらしめている、隙間の力だというふうに僕は感じています。建築を作る上で、隙間は一番大事なものです。建築を構成する粒子の間の隙間から、光や風や匂いが入ってきます。隙間がないと、人間は窒息してしまうのです。

ルーバーは僕の建築のトレードマークのようにしばしばいわれますが、ルーバーとは要するに、隙間があいている、ということなのです。ルーバーを構成する一本一本の棒よりも、隙間の方が重要なのです。

銀座にティファニーのビルを設計した時(2008年)、銀座通りの向かい側のバーで、リム・テヒさんとワインを飲みながら、ティファニーを眺めました。テヒさんは、韓国の学者で、僕の本の韓国語訳は、ほとんど彼女がやってくれています。

ティファニーのファサード[※21]には隙間があるからいいのねと、テヒさんはつぶやきました。日本人の作る建築は隙間がなくて、きちんとしすぎているから、息が詰まるというのです。でも隈さんの建築には隙間がある。そこが一番の魅力なの、というのです。

日本の建築も、日本の社会も、日本人も、隙間がなさすぎて、きちんきちんとしすぎているというのがテヒさんの分析です。ティファニーのガラスのカーテンウォールは、ガラス一枚一枚に四本の足が付いていて、一枚一枚で角度も違うし、ガラスとガラスの間に隙間があります。

「ティファニー銀座」のファサード

　テヒさんに指摘されて、目からうろこが落ちる思いでした。隙間というのは、単なる建築デザインの話ではないような気がしました。もっともっと隙間を大きくしようと決意しました。建築においても、そして人生においても、日本人は、なにしろ隙間が少なすぎるのです。

「ティファニー銀座」2008 年

第二章

大倉山Ⅱ

フレキシブルボード

母方の祖父は明治19年（1886年）生まれ。祖母は明治31年（1898年）。母は昭和2年（1927年）、父は明治42年（1909年）の生まれです。父は1952年に母と結婚して、母方の祖父が建てた畑いじりのための小屋を、仮の新居にしたというわけです。

祖父と父とは、残念ながら基本的に仲が悪かった。世代差というより、生来の気質の問題が大きかった。どんどん都会から遠ざかりたかった遠心型の祖父と、日本橋や銀座をいつまでもウロウロしたかった求心型の父との違いです。

祖父母、父母、僕の三世代は、建築デザインをめぐって、ライフスタイルをめぐって戦うことになったのです。父も祖父も、建築家だったわけではありません。しかし全員、建築にはすごく興味がありました。畑仕事のための小さな小屋を、家族四人で住む「家」に変えていくために、手直し、増築が必要で、そのたびごとに、この建築好きの三世代が戦うことになったのです。

漆喰が割れればガムテープで補修をすればいいというのが、大正モダン世代であり、モダニストである父の基本的感性です。

1909年生まれの父の前後の世代の建築家が、日本のモダニズム建築を引っ張りました。1905年生まれが前川國男、[※22] 1908年が吉村順三、[※23] 1913年が丹下健三ということになります。大正モダンの父は、畳の和室を、次々にフローリング張りの洋室へと改修していきました。僕は畳の上での積み木を続けていたかったのですが、父は畳が嫌いでした。

フローリングの工事は、大工さんにまかせましたが、天井は、父と僕で張りかえました。

祖父と

少しでも工事費を節約しようと、モダニストで合理主義者の父は考えました。90×180センチという規格寸法の孔あきのフレキシブルボードを近くの建材店で買ってきて、ビスで天井に固定していくのです（77頁上）。

孔あきのフレキシブルボード自体が、普通は住宅に使わない素材です。工場や倉庫、車庫のような、機能本位の建築に使われることが多い素材ですが、モダニストの父はこの工業的な素材が大好きでした。

ボードをビスで固定したあとで、白ペンキを塗ります。天井の塗装は、素人にはなかなかきつい仕事です。塗料が多すぎると、ポタポタと垂れてくるので、顔も服もべたべたでした。上向きなので、すぐに手がしびれて動かなくなります。

孔あきのフレキシブルボードは、今でも好きな素材の一つですが、今の僕の目から見ると、少し硬すぎるのが難点です。同じような即物的素朴さがありながら、もう少しやわらかい感じの素材を探しているうちに、最近は、木片セメント板という素材を見つけました。フレキシブルボードと同じように、工場や倉庫の天井や壁に使う、安価な材料です。

最初に使ったのは、広重美術館です。浮世絵を飾るようなクラシックな美術館には普通使わないような材料ですが、この素材の自然な質感が、広重の世界にぴったりだと僕は感じました。

根津美術館でも、メインアプローチの軒裏で、木片セメント板を大々的に使いました（次頁中）。軒裏というのは、日本建築で一番大切な場所だと僕は思っています。どんな太さの垂木をどのくらいのピッチで並べるか、軒の先端はどんなディテールにするか。

そこで作者のレベルがバレます。大事な場所だから、僕は木片セメント板を使いました。

正方形

モダニストの父のもう一つのこだわりが、正方形に割られた格子戸です。父は部屋と部屋とを型ガラスのはまった格子戸で仕切るのが好きでした。不透明で向こう側が見えないドアで仕切るのではなく、半透明の光が入ってくる格子戸で仕切るのが、空間の連

大倉山の家の天井に使用されたフレキシブルボード

「根津美術館」の軒裏に使用された木片セメント板

大倉山の家の正方形に割られた格子戸

続性を重要視する父というモダニストのチョイスです。

さらに父は、格子の割り付けが正方形であることにこだわりました。大工が間違って長方形で割り付けてしまった格子戸を、取り換えさせたことすらありました。なんでそこまで正方形にこだわるのだろうかと、子供ながらに不思議に思ったものでした。

父の行動はしばしば不可解でした。うちで飼っていた猫が粗相した時に猫をなぐる父も理解不能でした。猫なんだから、おしっこだってするわけです。長方形の格子を作り直させた父の厳格さも、まったく理解不能でしたし、逆に許せない気がしました。

父にとって、正方形であるということが、合理的であり、知的であり、近代的であるということだったのでしょう。成り行きにまかせたような長方形は、野蛮で幼稚なものと映っていたのでしょう。猫のおしっこと同じ種類のものです。

扉一枚の外形寸法は決まっているので、それを正方形で割り付けるのは結構大変なのです。

モダニズム建築の代表選手、コルビュジエもまた正方形を愛した建築家でした。有名なサヴォワ邸（51頁）の平面形も、正方形です。人間の生活は、そもそも、勝手気ままな自由なものです。それを正方形という輪郭の中に収めるのは簡単ではありません。しかし、コルビュジエは強引に正方形の中に収めることに意味を見出したのです。父の正方形好きも、猫嫌いも、同じ時代精神の産物だったのでしょう。

逆に僕は、父への反動なのか、正方形を避けて、設計をします。長方形の方が落ち着くし、長方形ならなんでもよくて、黄金分割[※24]にすらこだわりません。コルビュジエは、長方形を採用する時でも、古代ローマ以来、美の規範として尊重されてきた、黄金分割の縦横比を持つ、長方形にこだわりました。

僕は黄金分割にも、まったく関心がありません。成り行きで決まったような、適当な比率の長方形の方が、まったりとして、安心できるのです。

設計会議

家の工事は父と僕との共働作業でしたが、工事の前に、まず設計打ち合わせがあります。どの部屋を、どんな間取りで増築して、どんな仕上げにして、どんな家具を置くか。

僕が今、毎日行っている、設計ミーティングと呼ばれる作業と、まったく同じです。

その頃からずっと同じことをやり続けているわけですから、よく飽きないものです。これだけ続けているのだから、少しは上達しても、おかしくはないでしょう。

父は不思議なことに、一人で決めずに合議制でデザインを決めていきました。僕と45歳も年の離れた、明治生まれのおっかない父としては、まったく異例な民主主義的なプロセスです。

他のことでは、何をいっても父は聞いてくれなかった。殴られたし、怖かったので、緊張して、質問すらできなかった。でもなぜか、家のデザインだけは、みんなの意見を聞いてくれました。この家族建築会議がなかったら、今の僕はなかったかもしれません。

いつもは父の前に出ると、怖くて凍りついてしまう僕でしたが、この会議のときだけはいろいろと意見がいえました。父と一対一ではなかったのが、よかったのでしょう。

特に九州生まれで、父に対して物がズケズケいえる祖母が参加していたのがよかった。

両親と子供だけで構成された家族を、社会学の用語では、近代家族とか、単婚小家族と呼びます。近代家族というのは、父子関係という、面倒くさいフロイト的関係に支配された枠組みです。小さく閉じていて、どうしても息が詰まります。緊張が強くなりすぎます。多世代同居や大家族という仕組みがあると、さまざまなバッファーや、関係の複層化によって、もう少し気楽に生きていけるのです。

ジュンコちゃんちのような農家は、大家族が基本なので、その点でもゆるい感じがしてうらやましかった。住宅ローンが近代家族と組み合わさると、凍りついた、「死んだ家」になりやすいので要注意です。

一対一の話が出たついでに、設計会議のあり方という話をすると、今の僕の事務所も、なるべく会議は一対一ではなく、三人から、五、六人位のメンバーでやるようにしています。

一対一だと、妙な意地の張り合いのようなことになりやすい。かといって、十人とかでの会議になると、それはそれで、発言者対聴衆、という一方的な関係が生まれてしまって、かっこをつけただけの空疎な発言をしがちになる。ちょうどいいのは、三から六といった数です。

僕が事務所を始めた頃、槇文彦[※25]さんと雑談をしていて、「隈さんの事務所は何人ぐらいでやってるの」という話になりました。槇事務所は学生の頃からアルバイト

父と。5歳の頃

に通っていて、あのオープンで自由な感じが好きでした。

槇さんの説によると、設計事務所というのは、五人の倍数でやるのが適切だというのです。まず五人でやる。次は五×二で十人、次は五×三で十五人というのがふさわしいスケールだというのです。なぜなら、設計というクリエイティブな活動の場合、五人くらいのチームでやるのが最も効率的で、そのチームをいくつ作るかで、事務所の規模を決めればいいというのが、槇さんの説でした。

四人家族と祖母で、ちょうど五人でした。五人くらいでズケズケ物をいいあうというのが、どうも一番効率的で、ストレスがたまりにくいような気がします。

設計会議のあり方についていうと、もう一つ僕が今でも心掛けていることは、できる限り臨場感のある会議にするということ、前線会議にするということです。

臨場感がないと、ついつい人は無駄口を叩きやすくなります。くだらない説教や、自慢話をする人が増えます。前線の会議にはそんな余裕がありません。特に建築設計という作業は、空疎な観念論がはびこりやすいのです。「そもそも、君は建築というものがわかっているのか」と先輩からいわれると、若者は反論のしようがありません。そういうばかばかしい説教と自慢話をいかに遠ざけるかが、僕の事務所のテーマです。

大倉山での会議は、この部屋の隣にどう増築するかという話ですから、目の前が現場なわけで、臨場感はたっぷりです。話は抽象的にならずに、徹底的に具体的になります。説教癖のある父が、この会議のときだけは、そうならずにおとなしくしていてくれたのは、それが「現場」での会議だったからでしょう。

後藤勇吉

ここで、設計会議の主要メンバーであった祖母について話をしたくなりました。三世代で暮らしていたせいで、特に祖母のおかげで、父と僕との緊張関係は随分と緩和されました。

祖母は宮崎県の延岡の生まれで、女学生時代はテニス選手で、全国大会に出場するようなスポーツウーマンで、その年代としては珍しい離婚経験者で、肝がすわっていました。親達がセットした最初の夫のことがどうしても好きになれず、突然逃亡したそうです。延岡の祖母の実家は後藤家ですが、後藤家は祖母のような自由奔放の気風があって、祖母の母親もまた、大阪の婚家から馬に飛び乗って延岡へと逃亡した、勇気ある女性でした。

祖母のすぐ下の弟の後藤勇吉は、飛行機乗りでした。「大学に行くかわりに飛行機を買ってくれ」と親にねだって、ロールスロイス製のエンジンのついた飛行機を手に入れて、1924年、日本一周飛行を初めて達成しました。

そこまではよかったのですが、その後、太平洋横断飛行をめざした試験飛行中に、佐賀県の多良岳に墜落して、1928年、31歳の若さで亡くなりました。その日は、仏滅の三隣亡で、しかも大嵐で、周りの全員が今日はやめとけと止めたそうですが、勇吉だけは、「俺は大丈夫、俺は迷信を信じない、俺は落ちない」といって飛んでいってしまったそうです。

この後藤の家は、なぜかはわかりませんが、飛び道具、空中を飛ぶ物が大好きな家風でした。一人は弾を飛ばすライフル射撃にはまって、鉄砲店を経営しながら弾を飛ばし続けました。別の後藤完夫《さだお》は、アメリカンフットボールにはまって解説者をやっていましたが、あのスポーツも、遠くまで飛ぶ楕円形の球が主役です。僕の血の中にもこの「飛ぶ」遺伝子が流れているのかもしれません。

祖母はよく、僕のことを、「あんたは勇吉にそっくりだ」といっていました。だからこのように、海外を飛び歩いて、毎日飛行機に乗っているのかもしれません。嵐の仏滅の夜に試験飛行をするほどの向こうみずではないつもりですが、なんとかこれまでに墜落せずにやってこられたのは、祖母が見守ってくれているせいでしょう。

現前性

今でも僕は、工事が実際に進んでいる現場の中でやる会議が一番好きです。事務所の中でやる会議はもう一つ、緊張感に欠けて、ノリきれません。工事中の現場の中でなら、「やっぱり、このレイアウトじゃ、窮屈だろ」とか、「やっぱりここは、このN40（僕のよく使う色番号で、ちょっと暗めのグレーです）だろ」とか、テキパキと決めていけるわけです。

とはいっても、いつも現場に行けるわけではありません。しかたなく事務所で会議する時、僕が心掛けるのは、なるべく目の前に模型を置くことです。一つ模型があるだけで、会議室が突然に「現場」となり「前線」となるのです。

図面とか、パース（透視図）といった物質性の低いものをテーブルの上に置いても、何も載っていないよりはましですが、いま一つ効果がうすい。三次元の模型がテーブルの上にあると、それが一晩で作ったラフで汚く小さいものだろうと、そこが「現場」になって、話が前に進みます。目の前に物質がないと、話が抽象的になって、緊急な課題と無関係に、話がぐるぐると回ってしまいます。人間という生き物には、「ナマな物質」が目の前に必要なのです。

この「目の前」にあるということ、「現前性」こそが、建築というジャンルの根底を支えていると、僕は考えます。

文学というジャンルも、音楽も、遠い距離を前提にするコミュニケーションです。遠くの人に何かを伝えたくて、人は本を書いたり音楽を作ったりします。本や音楽は、遠くの人とのコミュニケーションを可能にするために発明されたメディアです。その進化した形がインターネットです。

しかし、建築は目の前の人とのコミュニケーションのために、発明されました。目の前にいる人に、直接に何かを伝えるというのが、建築的コミュニケーションの本質です。世界は広いし、さまざまな課題があります。どこから、どう手をつけていいのかわからない。しかし、僕ら生物は具体的でちっぽけな身体を持っています。具体的身体があるということは、何かが「目の前」にあるということです。目の前に「現場」があるということです。

神様は具体的身体を持たないので、俯瞰的に世界を眺めることができるし、「目の前」などというせこい感覚は持ち合わせていません。それは大変結構ですが、それなりに悩みが多いだろうと思います。

地面の上をはいつくばっている僕らには、幸いなことに「目の前」があるから、あまり悩まないで、世界という大きなものとも、平然と付き合っていけるわけです。「目の前」を媒介として、世界と対等に向かい合えるわけです。サルトル※26が少し難しい言葉で、目の前がいかに大事であり、近くのものから解決していかなければいけないと語っています。何しろ世界には問題が多すぎるからです。

建築とは、「目の前」に対して、何かを提案することです。「目の前」は、少し気取ったいい方をすれば、ローカルということです。しかし、ローカルという言葉を使った途端に、ローカル対グローバルなどという抽象的な図式に陥って、どちらが大事なのかという無意味な議論で時間つぶしをする人が多いので、僕は「ローカル」とはいいません。

「目の前」とちゃんと向き合って、「目の前」から解決していくことは、生物にとって、生死にかかわる切実な行動原理だということだけを強調します。

増築的

大倉山の家は、そもそも、祖父が作った小さな畑仕事の小屋に、増築を繰り返してできたものです。つつましいサラリーマンの家計の中でやりくりしていくわけですから、少しずつ増築していくしかなかった。

僕が生まれてまず増築。三年後に妹が生まれてちょっと増築。僕が、一人だけの部屋がほしいと騒いでまた増築。妹が騒いでまた増築。そんな形で、だましだまし増築を繰り返したこと、それを当事者としてというより、設計者の一人として経験したことが、僕という建築家の形成にとってはきわめてラッキーでした。

もう少し家が裕福であったら、一度に大きな家に建て替えていたかもしれません。裕福ではない場合、住宅ローンという手がありました。しかし40歳で結婚した父には、始めから住宅ローンという途は閉ざされていました。住宅ローンで大きな家を新築するという途すら、閉ざされていたのです。

僕らは、日本の「戦後」というイケイケの時代から、基本的に排除されていたのです。ハッピーな若夫婦が、郊外に「幸せの城」を築き、一生かかってその家のローンを返済していくという、戦後日本社会、あるいは20世紀アメリカ文明を支えたおめでたい神話から、わが家はあらかじめ疎外されていたのです。今考えれば、とてもめぐまれていたともいえます。

現在の大倉山の家に残る増築の痕跡

父が45歳の時に生まれた僕から見ると、物心ついた時から、父は訳のわからない、頑迷な、くすんだ老人でした。「もうすぐ定年だから、質素に暮らせ」が口癖で、それを聞くたびに滅入りました。

友達の父親は、みな若く働き盛りで、輝いて見えました。僕らの家だけが、時代から取り残された感じでした。「郊外」からも、「住宅ローン」からも、20世紀からも、アメリカからも取り残され、暗く朽ちてくすんでいるように感じられました。

それでも、少しずつ増築する程度の余裕はあったわけです。つつましく暮らし、数年かけてお金をためて、なじみの大工さんに頼んで、数坪だけ増築するのです。今から考えると、こんな贅沢はありません。

このやり方で僕は大事なことを学びました。一つは「だましだまし」の思想です。住宅ローンを使って、「新しい家」を作った場合、家は一つのユートピアです。「新しい家」はすべての問題を解決し、永遠の幸福を約束します。郊外住宅はこのフィクションをエンジンにしていました。ユートピア思想の20世紀版です。

しかし、ちょっと大人になればみんな気づきます。人生に、ユートピアなんてありえない。永遠の幸福を約束する「新しい家」なんてありえない。だましだましで、その日暮らしをかろうじて続けていくのが人生なんです。このど地味な「反ユートピア思想」にもとづいて、わが家族は少しずつ家を増築していきました。

そのせいか、今でも僕は増築の仕事が大好きです。実際には増築の設計は手間がおそろしくかかって、最悪の効率です。大抵大赤字です。しかし、僕がそんな仕事をついつい引き受けてしまうのは、子供の頃の「だましだまし」が癖になっているからでしょう。

僕の建築の一つの特徴は「増築的」であり、反ユートピア的であることだと思いますが、その原点はあの地味な大倉山の家にあります。

中央郵便局

たとえば２０１３年に完成した東京中央郵便局の増築。「ＫＩＴＴＥ」という不思議な名前の商業施設（93頁上）を東京駅の前に設計しました。実際のところ、「火中の栗」を拾いあげるような難しいプロジェクトでした。

「旧東京中央郵便局」（吉田鉄郎設計、１９３１年、93頁下）は、日本の近代建築を代表する傑作です。柱と梁とで構成された「線の建築」は僕の好みにぴったりでした。日本の伝統的な木造建築は、そもそも細い柱と梁で構成された「線」の建築でした。桂離宮はその代表選手といってもいいでしょう。

しかし、１９５５年、日本を訪れた近代建築の巨匠、ル・コルビュジエは「線の建築」が大嫌いでした。桂離宮を案内されるのですが、残念ながら、まったく興味を示さなかった。印象を聞かれて、一言「線が多すぎる」と憮然としてつぶやいたと伝えられます。1933年に桂離宮を訪ねて、落涙するほどに感激したブルーノ・タウト[※27]とはえらい違いです。

1933年はナチスが政権を取った年で、世界史の転換点です。ジードルングと呼ばれた公営住宅をたくさん設計したせいで、社会主義者と見なされ、ナチスから目をつけられたタウトは、シベリア鉄道経由で日本に逃れました。福井県敦賀の港に着いた翌日、モダニズムを信奉する日本の建築家達に導かれて、桂離宮まで足を延ばします。

その日、5月4日はタウトの誕生日でもありました。入り口の生きた竹を編んでできた桂垣を見ただけで、タウトはぽろぽろと涙をこぼすのです。自分が長い間捜し求めてきた、自然と共生する建築の理想像を桂離宮に発見し、思わず涙が流れてしまったのです。

ほぼ同世代のコルビュジエの建築を、形の面白さだけ追求するフォルマリスト（形態主義者）だとして、タウトは批判していました。タウトとコルビュジエが桂離宮に対して示した対極的リアクションは、二人の建築観の根本的な差異を示して、象徴的です。

タウトがナチスに追われて日本に逃げてきた時、吉田鉄郎[※28]がいろいろと面倒を見ました。熱海の「日向邸」のプロジェクトをタウトに紹介したのも、吉田鉄郎です。その吉田鉄郎が中央郵便局という「線の建築」を設計しました。日向邸の方も、僕とは因縁がありました。

ブルーノ・タウト

このタウトというユニークな建築家は、大倉山の家と縁がありました。タウトがデザインした木製の煙草入れ（95頁上）が、居間の棚の上に飾られていたのです。機嫌のいい時、

「KITTE」2013年、内観

吉田鉄郎「東京中央郵便局」1931年

父は棚からこの煙草入れを下ろしてきて、自慢話を始めました。これはタウトという世界的な建築家がデザインしたもので、自分が若い時に銀座で手に入れたという話を、何度も聞かされました。

形はシンプルなのに、木の素材感がナマナマしくて、古いのか新しいのかわからない、不思議なデザインでした。ドイツ人であったタウトのデザインのはずなのに、日本語で「タウト井上」というロゴが入っていたのも不思議でした。

その器の謎が解けたのは、ずっと後になってからです。高崎の、井上工業という建設会社から仕事を頼まれて、オーナーの井上健太郎さんと親しくなったのですが、健太郎さんの祖父、井上房一郎が、タウトの日本滞在を陰で支えた大パトロンだったのです。日本の職人の技に魅せられたタウトのために、プロダクトデザインの店を銀座七丁目の角に開いたのも、この房一郎さんだったというのです。店の名は、ミラテスといって、1935年のオープンでした。銀座をほっつき歩いていた20代の父は、そこでこの器に出会ったというわけです。

高崎まで訪ねてその話を聞いた時、房一郎さんは90歳を超えてもお元気で、さぞや昔を熱く語るのかと思いきや、タウトには面倒ばかり掛けさせられて迷惑したと冷たく語るので、少しびっくりしました。井上さんの援助が不十分だと、タウトがネガティブに書き残したので、井上さんもタウトのことをよくいわなくなったのだろうというのが、藤森照信[※29]さんの説でした。

その後もう一度びっくりしたのは、熱海で、タウトの設計した日向邸に出会った時です。ある会社から、ゲストハウスの設計を頼まれました。熱海の東山の上の敷地を見に行ったら、隣の小さな木造の家から中年の婦人が出てきて、「建築家さんでしたら、うちをのぞいていきませんか」というので、お断りするのも変なのでお邪魔したところ、なんとその家が、タウトが日本にデザインした、幻の日向邸だったのです。

日向邸は新築ではなく、既存の木造家屋の地下空間のインテリアを、タウトがデザインしたものでした。だから、外から見てもわからなかったはずです。居間の隅っこにある小さな隠し階段を降りた途端、目の前に熱海の海

タウトのデザインによる煙草入れ

ブルーノ・タウト「日向別邸」1936 年

が広がって、唖然としました。

外から見ると「形」が存在しないにもかかわらず、体験だけが出現するというギャップを、タウトは楽しんだようです。形ではなく、海と人間との「関係」が日向邸のテーマでした。桂離宮も「形」の建築ではなく、庭と人間との「関係」がテーマなのだと、タウトは書き残しています。日向邸はまさに「形」がなくて、「関係」だけがある建築でした。

関係

この日向邸の隣に僕が設計したゲストハウスが、「水／ガラス」（1995年、次頁上）です。ここではタウトにならって、「関係」をテーマに、空間とディテールを作っていきました。「M2」（1991年）の派手な形態が徹底して批判されたことのトラウマもありました。「形態」を提出することがいかに重たく、大きな意味を持ち、また傷つきやすい行為かということも、身に沁みました。

「形態」をさし出すことに懲りて、「亀老山展望台」（1994年、次頁下）のように、実際

「水／ガラス」1995 年。水の上に見える松は日向邸のもの

「亀老山展望台」1994 年

に建築を土で埋めて消してしまう建築も作りました。しかし、いつも建築を埋めてしまえるわけではありません。ハコの上に土を被せたらば、かえって目立ってしまって、どうしようもなく目ざわりなものが出現するかもしれません。

悩みながら、そして、父の看病をしながら、『新・建築入門』（1994年）という、一種の建築史の総括のような本を書きました。1994年に、父が85歳で亡くなるのですが、父が入院して、いつ逝ってしまうのかわからない状況が半年続き、旅行も出張も自由にはならない重い日々のなかで、歴史をもう一度見直した結果が、『新・建築入門』です。

そんな風に悩んでいた時に、熱海の敷地を訪ねて、日向邸を設計したタウトに、再び会うことができたのです。「関係」という言葉に出会って、いろいろな問題が解けていきました。

建築を消せばいいというわけでもなく、もちろん目立たせばいいわけでもなく、その建築の立つ場所との「関係」を解くのです。

そう考えると、目の前が急に明るくなりました。長い間、さまざまな意味において大きな存在であった父も逝ってしまいました。自分が何をすればいいかが、ようやく見えてきました。

父の宝物であったタウトの器から始まって、不思議な縁が僕を導いてくれたわけです。父が亡くなって、あのタウトの器を棚の上から降ろして、僕の青山のアトリエに運びました。いろいろなものがつながりました。

コルビュジエが「形派」のモダニズムだとしたら、タウトは「関係派」、吉田鉄郎は「線派」のモダニズムです。ともにヴォリューム[※30]が嫌いな吉田鉄郎とタウトは相性がよかった。僕もヴォリュームが嫌いです。「線派」の吉田鉄郎がデザインした東京中央郵便局の改修をしたのも、タウトの縁かもしれません。

歌舞伎座

この中央郵便局は、日本のモダニズム建築の傑作です。その質を保存することは建築家としての使命ですが、同時に、商業建築として、隣の丸ビルや新丸ビルに負けない、十分に魅力的な建築にしなければならない。そのために、だましだましを重ねて保存しながら、同時に新しい「華」もつけ加えました。

たとえば、吉田鉄郎のデザインした八角形の柱を、ガラスビーズの照明器具へと翻訳しました（93頁上）。保存か開発かという二項対立では割り切れない作業です。そういう曖昧な領域へと踏み込むことで、初めて建築の保存が可能になります。

保存対開発という図式自体が、余裕のある高度成長の時代の産物です。高度成長期には、保存、開発を始めとして、オプションがたくさんありました。選択肢がたくさんあると、豊かな時代が錯覚させてくれました。

しかし、今、われわれはまったく別の厳しい時代を生きています。困難な政治的、経済的状態をかろうじてしのいでいくために必要なのは、保存でもあり、同時に開発でもある、という微妙で曖昧な何かです。

中央郵便局と同じく２０１３年に銀座の歌舞伎座の建て替えも完成しました。同じような性質を持つ、微妙で複雑なプロジェクトでした。昔の歌舞伎座の保存でもあり、そしてまた同時に開発でもあるような、両義的なものが求められました。

１９５１年に竣工した第四期歌舞伎座のコンクリートは、関東大震災（１９２３年）後に完成した第三期歌舞伎座（１９２６年）の柱、梁を転用したもので、すでに耐震補強を

「第五期歌舞伎座」2013 年

同内観

加えることも困難な危機的状態にありました。

長い間、人々に愛されてきたその劇場を昔の姿で再生するためには、その劇場の上に超高層ビルを建てて、そのビルの将来の収益をもって再建の工事費に当てるという、綱渡り的な資金調達が必要でした。

松竹という一民間の努力で運営されてきたのが、歌舞伎座です。経済的にも政治的にも弱体化した日本政府が、文化という名目で補助金を出せる時代は、とうの昔に過ぎ去っているのです。

まさにだましだましを積み重ねて、歌舞伎座を再生させることが求められました。隈研吾という建築家の個性を発揮するなどという余裕はまったくありませんでした。そういう困難な時代に、われわれは生きているのです。

劇場は昔のままでいいと、松竹の人も、歌舞伎役者さんたちも口を揃えていましたが、僕は黙ってうなずきながらも、「実際のところ、そうはいかないだろう」と心の中でつぶやいていました。

なぜなら、当たり前のことですが、僕らは今という時代に生きているからです。今の人間は、100年前と比べたら体格も変わっているし、昔と同じサイズとクッションの椅子を作ったら、こんな窮屈なものに座れるかと、クレームの嵐が起きるに決まっているのです。

新しく、華やかで明るい劇場もたくさんできています。そういうコンテンポラリーな空間に、身体も眼も慣らされてしまっています。

「昔はよかった」とみんないいますが、詳細に検討してみれば、昔の歌舞伎座の一階には、二階を支えるための太い柱が立っていたせいで、舞台が見えない席はたくさんあったし、音がうまく届かない席もたくさんありました。照明も、今の明るい劇場を見慣れた人間から見たら、暗くて陰鬱でした。

昔の歌舞伎座をそのまま復元したら、「昔はこんなんじゃなかったよ」「昔とは全然違うよ」と、罵声を浴びせられるのが関の山です。「昔」そのものが、人間の意識の中で変化し続けているからです。それぞれの心の中で、「昔」は進化し、変わり続けているのです。

そもそも人間とは、時間と共に流れているいい加減な生物だということを理解しなくてはいけません。それぞれ心が勝手に育ててしまう「昔」を、だましだまし再生しようと決心しました。それが「昔」を大事にし、人間を大事にすることだからです。

しかし出来上がるまでは、「だましだましやります」なんてことは口に出しません。口が裂けてもいってはいけません。「昔の通りにやります」「昔の歌舞伎座です」といい続けます。そうやって、第五期歌舞伎座が完成しました。

実際には、いろいろ変わっています。ほとんどが、ちょっとずつ変わっています。でも、ファンも役者さんも、「昔の歌舞伎座のまんまだね」と褒めてくれます。僕は黙って微笑んでいます。昔のままとは、そもそもそういうものだからです。人間とは、そういう流れ続けるものなのです。そんな人間を相手にするから、だましだましが必要となります。人間とは、だましだましを積み重ねて、かろうじて毎日を生きている弱いものです。

ブリコラージュ

だましだましとは、文化人類学者のレヴィ＝ストロース[※31]の言葉を借りれば、ブリコラージュということになります。目の前にある安価なありものを使って、だましだまし、ごまかしごまかしで何かを作るやり方です。

レヴィ＝ストロースは、ゼロから新しく作るユートピア的な方法論と、ブリコラージュの方法論を対比させました。彼が愛した未開な社会のもの作りは、ブリコラージュが基本です。その方法が、工業化社会の後に来る時代にこそ必要だと、彼は直感していたわけです。

大倉山の増築に次ぐ増築も、基本的にはブリコラージュでした。ブリコラージュ的ディテールがたくさんありました。

たとえば父が大好きだったのが、表札作りです。使わなくなったまな板やお盆に色を塗って、その上に文字を貼り付けて、ＫＵＭＡという表札を作るのです（107頁上）。

色の付け方、文字のフォントと大きさに父はこだわりました。そのあたりの微妙なバランス感覚が、ブリコラージュの醍醐味といえます。父はその結果を見せたくて、一時期は家のさまざまな壁に、表札というか、ＫＵＭＡのサインが飾られていました。

安さ

玄関の傘立て（次頁中）も、ブリコラージュの一例です。家族でよく横浜の中華街に食べに行きました。おいしいし、安かったからです。

当時の中華街は、今ほど観光地化されていなくて、値段も驚くほどに安かった。今は大変な高級店になっている広東料理の店、海員閣ですが、当時は雑然とした安っぽいインテリアで、僕らが食べている脇で、店の子供が宿題をしていました。僕の中国好きは、子供の頃の中華街体験と関係があるのかもしれません。

「安さ」というのがキーワードです。「安い」ということは、自分と世界とが、余計な飾りや媒介がなく、無駄がなくつながれているということです。その無駄のなさが、美しさにつながります。

モダニズムの美学の本質は、無駄がないということであり、突き詰めれば、「安い」ということです。サステイナビリティ（持続可能性）という理念の基本も、実は「安さ」です。自分と世界とを無駄なくつなげた時に、自分と世界との間に、持続可能な、長持ちする関係が生まれます。それが長持ちするかを判断する大事な指標が、「安さ」です。

短期的に「安く」済むのではなく、長期的に見て、長い目で見て、「安く」済むかどうかを見極めることが大事です。モダニズムとは「安さ」の別名であったと、僕は考えています。

しかし、モダニズムの安さは、工業化社会における安さであったことには注意すべきです。大量生産システムによって、安く作れるというのが工業化社会の安さ、20世紀的な安さです。コルビュジエやミースが追求したのは、基本的にこの種類の安さでした。

父が作った、大倉山の家の表札

傘立てに使われていた紹興酒の甕

大倉山の家の玄関の天井（和紙のない状態）

僕が捜しているのは脱工業化社会の安さです。目の前にころがっているものをかき集めてくるブリコラージュの安さは、脱工業化社会の安さです。出来た後で、メンテナンスが楽だというのも、材料のエイジングを楽しむのも、脱工業化社会の安さです。僕はそういう種類の安さに関心があるということです。

紹興酒

その中華街のなじみの安い店から、父は紹興酒の甕《かめ》をせしめてくることに成功しました。紹興酒の甕は、実に無駄がなく、美しい形をしています。この瓶を傘立てとして利用するのです。

そもそも僕は紹興酒の方が白酒よりも好きです。中国では「乾杯」「乾杯」で杯をあけるのが会食の基本的なしきたりですが、白酒はアルコール度数が高すぎて、杯をあけ続けるのがしんどくなります。その点、紹興酒だと、乾杯は永遠に続いたとしても大丈夫なような気がします。そのまったりとした、やわらかな甘さも、癒される感じがして気に入っています。

　一時期、魯迅の文学を愛読しました。魯迅のどんな作品にも、文学に最も必要な批評精神が宿っているからです。ただの日常を描いても、その裏に社会に体する批評があります。

　魯迅の書も大好きです。まるまっていて、とがったものがなくて、毛沢東の書とは対照的です。どの時代に生きても、どの政権の下にあっても、魯迅は批評し続けたでしょう。その強靭でコンスタントな批評精神が魯迅の魅力です。魯迅の書自体が毛沢東の強いエゴを感じさせる書への批評であるかのようです。

魯迅による、厦門（アモイ）大学のロゴ

毛沢東による『人民日報』の題字

　その魯迅が大の紹興酒ファンでした。彼の文学と文字と紹興酒には、何らかの関係があるのではないかと感じられてきます。特に酔っぱらった時、そう見えてきます。

　厚揚げ豆腐に豆板醤をつけ、それを肴《さかな》にして紹興酒を飲む光景を、魯迅は描きました。僕にとっても、一つの理想的な夜が、ここにあります。永遠に批評

次頁とも「知・芸術館」2011年

的でありながら、しかもその目の前の夜を楽しむというのが、魯迅です。

セラミックに関心を持ち始めたのは、この紹興酒の甕の傘立てがきっかけです。高級な茶器を集める余裕はありませんでしたが、中華料理屋から譲ってもらった紹興酒の甕の美しさを、父から教わりました。朝鮮半島の安い瀬戸物に美を見出したのは千利休ですが、僕は、紹興酒の甕を通じて利休の真似事をしていたのかもしれません。

ずっと後になって、成都の南の新津という小さな街に、「知・芸術館」（2011年）というミュージアムを設計しました。この建物の外壁は、中国製の瓦で覆われています。場所を最初に訪ねた時に、周りの古い農家の瓦が美しいのに、びっくりしました。

正直いって、僕は日本の現代の瓦は嫌いです。い

かにも工業製品という感じの、均質で安定した感じが好きになれません。台風が来ても飛ばないように、どんどん厚くなってしまった感じも、好きになれません。あの瓦を見ると、日本っていうのはきちんとしすぎていて住みにくいところだなあと、ため息が出てきます。

それと比較して、中国の瓦は美しい。まず薄くて、頼りなくて、しかも色むらがあって、大きさもばらばらです。瓦さえ大工場で作る日本とは、根本的に製法が違うのです。基本的に、中国の瓦は今でも野焼きです。空き地に小さな窯を作って、そこで現地の土を使って焼くのです。中国の田舎を旅していると、その窯から煙が立ちのぼる風景をよく見ます。

野焼きですから、色むら、形のむらが生まれます。そのばらつき、ぼろさが今の建築には一番欠けています。知・芸術館ではその野焼きの瓦を徹底的に使いました。しかもこの瓦はステンレスのワイヤーで、吊り下げられているのです。一枚一枚の瓦が空中に浮游して、余計にぼろさと不揃いが露呈されます。そうやって、一種の工業社会批判、日本批判をしたわけです。そこが狙いでした。

中国のセラミックには、恐ろしいほどに幅があります。皇帝的、故宮博物院的な洗練されたセラミックがある一方で、農村的、野焼き的な素朴なセラミックがあります。両極端があるところが中国の魅力で、特にこの農村的で大地とつながった中国が、僕は大好きなのです。

日本的な、几帳面な均質性とは別の、土っぽさがあるからです。それを僕は知・芸術館で見せたいと思いました。近頃の金満的な中国が、どんどん一方的に、皇帝的な豪華さに傾斜していくのを見るにつけ、土っぽい中国の持つ大きな可能性を、建築の実物を通じて、中国の人達にも見せたいのです。

そんなやり方の原点が、中華街でせしめてきた紹興酒の甕です。セラミックが面白いのは、それがそもそも土という、どうしようもないほどに、粗く素朴な物質を材料としていることです。そういう出自だからこそ、セラミックには可能性があるのです。

千利休はそのことに気づいて、楽焼きのような素朴なセラミックを追求したのでした。セラミックには人間と土をつなぎ直して、人間と大地を架橋するような、大きな力があるのです。

光天井

父のブリコラージュのもう一つの傑作は、玄関に吊り下げられた照明器具（107頁下）です。

父はなじみの大工さんに、木で格子を作ってくれと頼みました。例によって割り付けは正方形です。

照明器具を作るとなるとお金がかかります。しかし格子一枚ならば何でもないことで、お金もかかりません。その格子に和紙を貼って天井に吊るして、その上の天井に裸電球を取り付けると、光天井になります。やわらかい光で空間が包まれます。しかもとっても安く。

この光天井を応用した光壁を、僕は今でも繰り返し自分の建築で使っています。広重美術館の光壁（次頁上）は、実際に和紙を使っています。「サントリー美術館」（2007年）の光壁（次頁下）は、ガラスの上に友人の小林康生の和紙を貼り付けたものです。

大事なのは、ガラスの裏ではなく、ガラスの上に和紙があって、和紙のやわらかい質感が、目の前にあるということです。ガラスに和紙をはさむようなディテールだと、ガ

「那珂川町馬頭広重美術館」2000 年。奥に和紙を使った光壁

「サントリー美術館」2007 年。右に和紙を使った光壁

ラスの冷たい質感が表に出てきてしまって、似ているようで、まったく違ったものになってしまいます。

南フランスの「マルセイユＦＲＡＣ」（２０１３年、次頁）では、外壁全体を、エナメルガラスという名の、乳白色をしたガラスでくるみました。

エナメルガラスは、普通のガラスと違って、表面がザラザラとしていて、質感が和紙によく似ています。光が透過して、光の質がやわらかくなるところも、大倉山の光天井によく似ています。この光の質感を手に入れるまでが大変でした。均一に乳白にしてしまうと、工業製品ぽくなってしまって、光が硬くなってしまうのです。

実際に指を使って、ガラスの上にエナメル加工を施すやり方を、最後に発見しました。指が作る微妙なムラとばらつきのおかげで、硬いはずのガラスが、和紙のようにやわらかく感じられるのです。大倉山の家の玄関が、はるかマルセイユにまで飛んでいったわけです。

エナメルガラスを外壁に取り付けるディテールも、大倉山的なブリコラージュです。取って付けたようにさりげなく、外壁に付け足しています。大げさなフレームにすると、そのディテールが主役になってしまって、せっかくのエナメルガラスのやさしい質感が

「マルセイユ FRAC」2013年

消えてしまいます。

主役はあくまで、エナメルガラスであり、さらに突き詰めれば、本当の主役は、エナメルガラスを透過する、やさしい、白い光なのです。光が主役になるためには、取り付けのためのフレームは、可能な限り控えめで、さりげなくしなくてはいけません。

ワイシャツ

父から、もう一つの材料についても、いろいろ教わりました。布という、やわらかくて暖かな材料です。

そもそも赤ん坊の頃から、黄色いタオルが大好きで、ボロボロになって、布だか糸だかわからないような状態になっても、ずっと黄色いタオルをしゃぶり続けていました。布は僕にとって特別な存在でした。

少し大きくなってから、父がさらに布について教えてくれました。質素、倹約がモットーのケチで厳しい父でしたが、なぜか、ワイシャツだけは、贅沢をさせてくれました。

三越本店のもらい物のワイシャツのお仕立て券で、ワイシャツをオーダーさせてくれたのです。

三越本店は、父にとって特別な場所でした。両親を早く亡くして、日本橋の瀬戸物屋の親戚の家に預けられた父は、三越本店が遊び場でした。

当時の三越は、越後屋以来の呉服屋のつくりのままで、玄関があって、靴を脱いで畳敷きの店に上がるシステムだったそうです。脱いだ靴は、下足番が出口に運ぶのですが、子供だった父は、下足番と競争をして、下足が出てくるよりも早く出口まで走り抜けて遊んだそうです。

その父にとって特別な存在である三越本店で、ワイシャツのあつらえ方を教わりました。最初は、綿とポリエステルが50パーセント50パーセントの混紡のワイシャツをあつらえました。混紡はアイロン掛けがいらないから、母の負担にもならないという理由でした。

ところが、この混紡の妙にツルツルとした質感が、僕には耐えられませんでした。正直に不満をいうと、父はあっさりと、次は綿100パーセントで作ろうといってくれたのです。綿100パーセントがいかに気持ちいいかを自分自身よくわかっていたから、これ以上混紡を強制しなかったのです。今思い出すと、意外にも子供に甘くて、優しい父親が見えてきます。

綿100パーセントで作るとなると、次は綿の番手というものを教わりました。番手が大きいほど、繊維が細くなって、体に触れた時、やさしい布に仕上がります。同じ綿なのに、これほど身体に対して違う感覚を与えてくれることに驚きました。視覚的にではなく、触覚的に、素材というものと付き合うやり方を教わりました。

もちろん、ワイシャツのディテールに関しても、父はめちゃくちゃにうるさかった。カラーの角度をどの位に開いて、カラーの先端にどのくらいの半径の曲率を与えるかによって、顔の印象がまったく異なることも教わりました。

白がどのジャケットにも合わせやすいということで、白いワイシャツばかり作りましたが、白いワイシャツからいろいろなことを教わりました。ワイシャツを通じて、神様がディテールに宿るということを教わったのです。

建築のディテールより、ワイシャツのディテールの方がずっと面白いかもしれません。なぜならばワイシャツのディテールは、身体と近いからです。建築のディテールは、身体と距離があって、ちょっと残念です。

ファブリック

三越本店のワイシャツを通じて、布すなわちファブリックというものの魅力に触れたことは、僕にとって決定的な体験でした。なぜ、硬くて、重くて、冷たい材料で建築を作らなければならないのだろう。あの200番手の綿のような、やさしく、やわらかい素材で建築を作ることはできないだろうかというささやきが、いつも聞こえてきます。

ずっと後の話ですが、フランクフルトではテナラというしなやかな膜材を使って、やわらかな茶室を作りました（「Tee Haus」2007年、123頁上）。

フランクフルト工芸博物館のシュナイダー館長から、リチャード・マイヤーの設計した本館の脇に、茶室を設計してほしいと頼まれました。木の茶室を作りたいと提案したら、拒否されてしまいました。「隈くん、ドイツは荒っぽくて、危ない場所だから、木の茶室を作ったら、次の朝にはボロボロに壊されてますよ」というのです。

「じゃあ、コンクリートや鉄で作れっていうんですか」と聞き直そうとした時に、ぱっとひらめきました。布で茶室を作ってやろう。使う時にだけふくらませて作る茶室なら、ドイツと日本は違うなどと、文句をいわれることもないだろう。

使う時だけ倉庫から引っ張り出して、空気を入れて、膜をふくらませる茶室です。建築を衣服に近づけたい。あの黄色いタオルを一生しゃぶっていたいという潜在意識が顔を出したのです。

ミラノ・トリエンナーレという三年に一度のデザインのイベントのために作った、「カサ・アンブレラ」(2008年、次頁下)も、布でできた建築です。使った布は、デュポン社の、タイベックという安価な防水シートです。和紙のような質感があって、普通の傘の素材であるナイロンで作るより、ずっとやわらかい建築に仕上がりました。混紡のワイシャツを肌に合わせた時の、どうしようもない違和感が、ナイロンのかわりに、やさしいタイベックを選ばせたのかもしれません。

「Tee Haus」2007 年

「カサ・アンブレラ」2008 年

第三章

田園調布

アーツ・アンド・クラフツ

そろそろ、次の場所へ移動します。大倉山から田園調布の西口の、田園調布幼稚園という名のプロテスタント系の幼稚園に、電車に乗って通っていました。大井の医者の家に生まれた母が、地元の幼稚園に通わせたくなかったわけです。キリスト教系の普連土女学校に通っていた母からすると、1960年代の始めの大倉山は、とてつもない田舎で、あまりに土っぽく感じられたようです。

大倉山から一番近い都会として、田園調布が選択されました。田園調布は当時から、東横沿線で随一の高級住宅地でした。その頃から50年たっていますが、田園調布はあまり変わっていません。特に、渋沢栄一[※32]が、イギリスのガーデンシティ運動の影響を受けて発想したという田園調布西口の雰囲気は、ほとんどそのままです。

ガーデンシティとは、19世紀の産業革命で大きなダメージを受けたイギリスに、自然と一体となった生活を取りもどそうという運動でした。ウィリアム・モリス達が、19世紀末に始めたアーツ・アンド・クラフツ[※33]運動の延長線上にある、一種の反近代の運動です。

田園調布の駅舎は、ちょっとソリのある不思議な屋根が載った、アーツ・アンド・クラフツ風デザインで、そこから放射状に道路が延びていました。僕が初めて出会った都市計画です。

銀座通りも、晴海通りも、昭和通りも、広い意味では都市計画といえますが、自然にできた道なのか、人間が頭の中で引いた線なのか、いまひとつはっきりしません。それに比べると、田園調布の放射状道路パターンは、わざとらしくて、いかにも都市計画しましたという感じで、子供心にも、特別な街なんだと感じられました。

旧田園調布駅舎

どっちがいいとか悪いとかいうのではないのですが、人間って、街も作れるんだ、そんな大きなものだってデザインできちゃうんだと、子供の時に知ったのは、その後の僕に大きな影響がありました。

田園調布幼稚園

この西口の放射状に割られた一区画の中に、田園調布幼稚園は、ひっそりと、地味な風情で埋もれていました。隣の豪邸は、タイル貼りの巨大で閉鎖的な箱で、好きになれませんでした。豪邸の成金趣味は、大倉山の畑仕事のための「小屋」に生まれた僕には、耐えられないものでした。

田園調布で出会ったものの中で、もう一つ印象的だったのは、教会です。渋沢栄一が作った西口には、いくつか教会がありました。僕の幼稚園はプロテスタント系だったので、宝来公園の脇にあった、プロテスタントの教会によく連れていかれたのですが、多摩川園前(現・多摩川駅)寄りにあるカトリック系の教会のデザインの方が好きでした。インテリアのステンドグラスから射してくる光に圧倒されました。なんであっちの教会に行かしてくれないんだろうと、ずっと不満に思っていました。

放射状道路で「都市計画」に出会い、教会を通じて、初めて「建築」に出会ったということかもしれません。家とか幼稚園とか駅は、「建築」という特殊な存在とは認識されませんでした。教会はとんがっていたし、まったく周りの建物とは異質で、まさに「建築」

でした。幼稚園のおかげで、早くから「建築」と出会えたわけです。

拒否権

僕にとっての田園調布は、「都市計画」と「建築」に出会った場所であっただけではなく、「プロダクトデザイン」に初めて出会った場所でもありました。具体的にいうと、東急東横線の車両デザインです。

幼稚園児が毎日七駅も電車に乗るというのが、まずチャレンジでした。実際には、毎朝、近所に住んでいる1歳年長で同じ田園調布幼稚園に通っていたトモコちゃんが、僕を幼稚園まで連れて行ってくれました。今でも僕はぼーっとしている方ですが、幼稚園の頃はもっとぼーっとしていて、きれいでしっかりしているトモコちゃんがぐんぐんと手を引っ張って、電車に乗せて七駅先に連れて行ってくれたのです。

連れて行ってもらっているくせに、僕が強情で頑固で彼女は苦労したそうです。一番困ったのは、僕には好きなデザインの電車があって、それにしか乗らないことでした。

当時の東横線には、数種類の異なるデザインの車両が走っていました。鉄板の車体を塗装したもの二種類。新しいステンレス製の車体が二種類。四角いものととがったものがありました。僕はステンレス製の軽やかな車体が大好きで、鉄でできた重たい電車が来ると、「乗らない」と拒否したそうです。トモコちゃんはそのたびに、「面倒くさいガキだ！」とつぶやいたそうですが、さすがにお姉ちゃんですから、できるだけ僕の希望を聞き入れてくれました。

嫌いなデザインの電車には乗りたくない。これは一種の拒否権です。デザインの基本は拒否権であると僕は考えています。「これがいい」という感覚は、実はあまり創造的ではありません。すでにこの世界に存在している何かを「いい」というわけですから、そのＹＥＳは現状の一部を肯定しているだけで、そこから何か新しいものが生まれるわけではありません。「いいね」は保守主義の別名なのです。

しかし、拒否は違います。「こんなんじゃないんだよね」「これって違うんだよね」という気持ちは、現状を否定することです。

何が欲しいのか、何がいいのかは、とりあえずわかりません。そんな簡単にはわかるはずもないのです。それでも、現状を否定することが大事なのです。その拒否のスタンスから、何か新しいもの、今までの世界にはなかったものが生まれます。

今でも、僕がデザインする時の基本的なスタンスは、NO、ということです。「これでいいの」「こんなんでいいの」「これで満足してるの」と、事務所の中で、僕は叫び続けます。何がいいのか、何が最適解かはわからないけれど、とりあえず、「これって違う」「これってダメ」と叫び続けるのです。

そうやって叫び続けているうちに、今まで誰も見たことがない何かが生まれてくるかもしれない。もしかしたら、何も生まれないかもしれない。当然、時間もかかります。それでも「違う」「違う」といい続けることが大事なのです。

10宅論

大倉山から田園調布への通学体験がベースになって、『10宅論』という本ができたのだと思っています。

1986年、32歳の時、『10宅論』を書きました。85年から86年にかけて、ニューヨークのコロンビア大学で、客員研究員という、「何もしなくていい」ポジションをもらったのですが、何もしないわけにもいかなくて、アメリカをぶらぶら旅行しました。その合間に、当時のもやもやした気持ちをぶつけて書いたのが『10宅論』です。

この本は、YESの本ではなく、徹底したNOの本です。まず、日本の住宅を十種類に分類しました（清里ペンション派、ワンルームマンション派、建売住宅派、アーキテクト派……）。その上で、十種類すべてのスタイルをこきおろすのです。「ダサい」「くだらない」「はずかしい」「成金」と叩きのめすのです。

なかでも力を入れたのは、「アーキテクト派」の否定です。「清里ペンション派」のようなデコラティブでぺらぺらな住宅を否定するのは簡単です。建築家ならば、誰でも「清里派のおバカさ」を否定します。

セパ孔

しかし僕は、「清里派」を否定するのと同じか、それ以上の辛辣さで、「アーキテクト派」を否定しました。その時、槍玉にあげたのは、コンクリート打ち放しの、安藤忠雄[※34]風のアーキテクト派です。なぜなら、建築学科の同級生達は、１９８５年の当時、みな安藤忠雄に憧れ、あのコンクリート打ち放しこそが、社会を救う究極の建築スタイルだと信じきっていたからです。

僕は直感的に「ちょっと違う」と感じていました。コンクリート打ち放しは、確かに「かっこいい」かもしれないけれど、あの冷たくて重たい質感はちょっと違うと感じていました。

初めてその違和感を覚えたのは、安藤さんが設計した「住吉の長屋」（１９７６年、１３５頁）を、安藤さん自身に案内してもらった日のことです。

友人が、安藤さんに直接ファンレターを書いたら、「すぐに見に来い」という返事がきました。安藤さん本人が、丁寧に説明しながら案内してくれた住吉の長屋は、確かにかっこよかった。しかし、セパ孔にたくさんぶらさげられた高級テニスラケットを見て、僕は一瞬のうちに醒《さ》めました。

セパ孔というのは、コンクリート打ち放しの壁に、45センチピッチにあけられた、小さな穴のことです。二枚のベニアの間に、ドロドロのコンクリートを流し込むやり方で、コンクリートの壁は作られます。二枚のベニア板は45センチピッチのボルトでつながっています。そのボルトの跡が、セパ孔として、固まった後のコンクリートの壁に刻印されるのです。

このセパ孔のおかげで、コンクリート打ち放しの壁にメリハリがつき、リズムが生まれます。とても重要なデザインモチーフです。セパ孔の中心には、ボルトの先端が顔を出しています。

住吉の長屋では、そのセパ孔のボルトの先端に、テニスラケットがたくさん引っ掛けられていたのです。高いラケットがずらっと掛けてありました。その瞬間に、僕は、何かから醒めました。この家の住人は、電通にお勤めの、リッチでかっこいいテニスボーイだったのです。

当時の安藤さんは、「都市ゲリラ」という言葉を使っていました。コンクリート打ち放し建築は、都市のゲリラなんだ。大資本におかされた、腐りきった都市に対して、コンクリート打ち放しで風孔をあけると、安藤さんは叫んでいました。大学卒のエリートたちが支配する日本の建築界を、コンクリート打ち放しで武装したゲリラがぶっつぶすという構図です。かっこよくて、学生は全員、安藤さんにしびれていました。

その時、セパ孔のラケットを通じて見てしまったものは、このコンクリート打ち放しの家の本質というより、建築という存在の本質でした。

建築を建てるのはお金がかかります。お金をかけて、資源を消費し、エネルギーを消費しなければ作れません。結果として、一つの場所を占有し、環境を変えてしまうのが建築の宿命です。そういうある種の犯罪性を、建築は持っているわけです。

その意味で、すべての建築は犯罪です。中でも個人住宅はもっとも犯罪性が強い。個人の欲望やエゴを、物質を通じてリアライズするからです。他人からみれば、はなはだ迷惑なものです。

コンクリート打ち放しだろうが、木でできていようが、建築が犯罪であることには変わりがない。そういうきわめて意地悪な見方が、僕の根っこにあります。だから、住吉の長屋のセパ孔に吊るされたテニスラケットを見た時に、カチンときたわけです。

『10宅論』を書いた動機はそこにあります。建築を作るということの重さに気づかない無神経さに

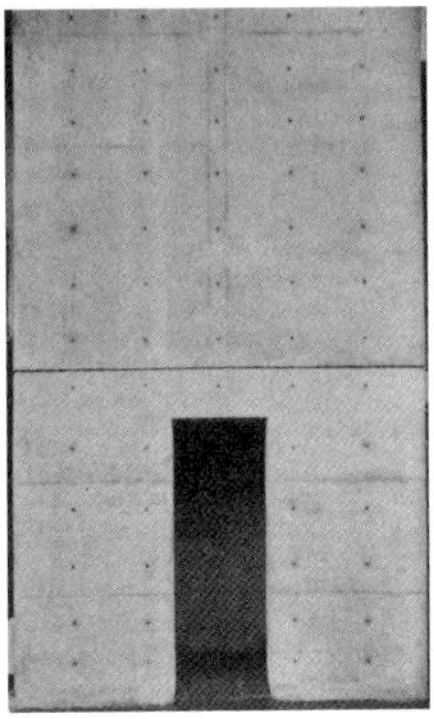
安藤忠雄「住吉の長屋」1976年

対して、無性に腹が立つのです。特に、建築を作るプロである建築家がしばしば、自分の建築、自分のテイストに対して、罪悪感を持たないことに対して腹が立ちます。

ゴテゴテの装飾で溢れた清里ペンション派のことは馬鹿にするくせに、コンクリート打ち放しならＯＫ、ガラス張りならＯＫ、木製ルーバーならＯＫという独り善がりに腹が立ちます。もちろん、自分も含めてです。

だから『10宅論』の中でアーキテクト派という一章をもうけました。建売住宅に花柄のカーテンを吊るして便器や電話にまでカバーをつけるオバさんと、建築家は同類です。どちらも周りが見えず、自分の感性を相対化できていないからです。オバサンを馬鹿にする前に、自分を馬鹿にしなくてはいけません。

こういう意地悪でひねくれた見方の原点は、僕の幼稚園、小学校時代の通学体験です。大倉山から田園調布まで七駅でした。

それぞれの駅から、友達は通学していました。僕は友達の家に遊びに行くのが大好きでした。家を観察するためです。それぞれの駅、それぞれの住宅地を相対化し、批判的に観察し続けました。友達と遊びながら、お菓子をご馳走になりながら、じっくりと家を観察しました。外観、庭、家具、調度、小物、そしてお母さんのファッション、性格、体型、化粧……ぼーっとしたおとなしい子供でしたが、実は、ねばっこい観察を続ける、喰えない子どもだったわけです。

綱島、日吉、元住吉……駅によっての特性というものも見えてきます。終着駅は田園調布で、当時から日本で最高の高級住宅地の一つということになっていましたが、その田園調布の中も、まったくいろいろでした。

昔から田園調布に住んでいる渋い人たちもいるし、吐き気のするような成金住宅もたくさんありました。人間性と建築とはもちろん別物ですが、そうはいっても、建築を見ると、人間がわかってしまうことも多いのです。そういう空間観察のトレーニングを、幼稚園の頃から繰り返していました。

そのトレーニングの結果が最終的に『10宅論』というひねくれた書物になるわけです。

レイトカマー

『10宅論』を書けたもう一つの理由は、僕が奥手だった、レイトカマー（遅れて来る人）だったということです。

『10宅論』はニューヨーク留学中に書きました。1985年から86年、日本でバブルが始まった頃です。住吉の長屋のラケットを見て、すっかりコンクリート打ち放しに醒めてしまった僕は、コンクリート打ち放しの「ゲリラ」とは別の道を探して、大手設計事務所やゼネコンで修業をしました。そういう場所に生息している渋い大人達から、いろいろなものを吸収しようと考えたのです。その間に、同級生達は、バブル景気にうまく乗って、コンクリート打ち放し系で、華麗なる建築家デビューを果たしていました。

それに比較して、ニューヨークの大学の図書館にこもって、意地の悪い本も書いている自分は、ひねくれた奥手でした。しかし、今になって思えば、奥手であるということは、かけがえのない財産なのです。先行する人達をじっくりと観察することができるからです。

この時期の奥手（レイトカマー）体験が、その後の僕を作ってくれました。奥手であることは、本当の財産です。後ろを歩くからこそ、世界を客観的に見ることができるし、粘り強く努力し続けることができるのです。

『10宅論』は、2008年に中国語の翻訳が出ました。なんで20年以上もたって、しかも中国で翻訳が出たのかは、まったく予定外、想定外です。意外にも、『10宅論』的意地悪さ、自己相対化が、中国人には備わっているのかもしれません。

日本人と違って、禁欲的なところがまるでなく、自分の欲望に素直に見える中国人は、自分の欲望を一方的に肯定しながら、一方でその欲望を相対化して、笑い飛ばしているのかもしれません。だとしたならば、この人たちは本当に、手強い人達です

代々木体育館

醒めて、ひねくれて、拒否しか知らない喰えない小学生が、一度だけ打ちのめされました。四年生、１９６４年の時です。東京オリンピックの年です。

おっかなくて、とっつきにくい父親との楽しい思い出はまったくなかったのですが、時たま、思いついたように「建築ツアー」が企画されました。新しい、話題の建築に家族で出かけるのです。家族サービスとか子供の教育のためとかいうことではなくて、父がその手の「新しい建築」に興味があっただけなのかもしれません。

しかし僕にとっては、もっとも興奮するイベントでした。前川國男設計の上野の「東

京文化会館」（1961年）、大谷幸夫設計の渋谷の「東京都児童会館」（1964年）、黒川紀章[※35]設計の町田のこどもの国の施設（1964年）。どれもかっこよくて、おもしろくて、どきどきしたのですが、中でも丹下健三設計の「代々木体育館」（1964年）に連れて行ってもらった日のことは、今でも忘れられません。

原宿駅を降りて、外から見ただけで、「スゲー」とつぶやいたのですが、建物の中に入った時、本当にうちのめされました。突然に、天から光が降ってきたのです。

獣医

いつ、建築家になろうと決心したのですか、という質問をよく受けます。「代々木体育館で、天から降ってくる光に出会った時」と答えます。正確にいえば、その一瞬に突然に決意したわけではありません。オリンピックの頃、テレビや新聞で丹下さんや黒川さんの露出が増え、建築家という職業があることを知り、すごく面白そうな仕事だと思い始めました。

ではその前に何の仕事をしたかったかというと、それが獣医だったのです。小学校時代の作文に書き残しているから確かです。犬や猫と遊んでいるのが大好きでした。父は僕と逆で、犬や猫みたいなわけのわからない、きちんとしていないものは大嫌いでした。すべてがきちんとしていて、正確でなければ気のすまないモダニストでしたから。

自由に飼わしてもらえなかったので、余計に犬、猫、動物に対する思いが強くなりました。近所の家で飼っている犬と遊んだり、野良猫に残飯をやったり、ジュンコちゃんちで飼っているヤギにエサをやったりするのが大好きでした。

獣医という職業を知ったのは、幼稚園の頃から田園調布駅前の佐治愛犬病院の先生の奥様から、ピアノを習っていたからです。練習が嫌いだったせいでピアノはものにはなりませんでしたが、佐治先生の家で、獣医という職業があることを知りました。ずっと犬や猫と一緒にいられたらどんなに楽しいだろうなと、獣医の生活を夢見ていました。

建築家に志望を変えて今に至るわけですが、暖かくて、やわらかいもののそばにいたい、だから木や紙で建築を作りたいと夢想している点では、獣医にあこがれていた頃の自分とあまり変わっていないのかもしれません。

暖かくてやわらかいだけではなくて、小さいということも大事でした。大きな動物は苦手だったし、犬でも小さいものの方が好きでした。小山薫堂さんからテレビの企画で、自分が一番興味のあるものをデザインし直してほしいと頼まれて、犬小屋をデザインし直したいと提案しました。

材料として選んだのは、犬のぬいぐるみです。銀座の博品館に行って、自分の好きな小さな犬のぬいぐるみをたくさん買いました。テレビの企画ですから、思う存分、たくさんの「犬」を集めることができました。そのぬいぐるみを積み重ねて、「犬」でできた犬小屋を作ったのです。実際の犬は、この犬製の犬小屋の中で気持よさそうにうたたねをしていました。

垂直

代々木体育館との出会いを冷静に分析すれば、その時、僕は初めて「垂直」というものに出会ったのだと思います。大倉山の家はつつましい平屋だったし、周りにも垂直なものはありませんでした。

しかし、丹下健三は「垂直」の建築家でした。「垂直」を使いこなすことのできる建築家というのは滅多にいないのです。「垂直」を追求すると、どうしても品のない、恥ずかしいものになりがちです。その危険を熟知しながらも、丹下はめげずに「垂直」を追求した勇気ある人でした。「垂直」であることの責任を背負うという、断固とした決意のある人でした。

丹下はなぜ、「垂直」にこだわり、「垂直」という責任を堂々と背負ったのだろうか。丹下が「首都の建築家」であり、「国を背負った建築家」だったからです。

首都というのは、どうしても「垂直」が支配せざるを得ない場所です。首都には人と物とお金が集積するので、どうしても建築の密度は上がり、垂直性が支配的になります。その「首都」という競争の厳しい環境の中で、とりわけ垂直性の高い建築、競争に負けない強い建築を作ることのできる建築家が、「首都の建築家」なのです。

20世紀を代表する建築家といえば、アメリカのフランク・ロイド・ライト[※36]、フランスのル・コルビュジエ、ドイツのミース・ファン・デル・ローエらがいますが、「首都の建築家」と呼べるのは、丹下健三だけだったのではないかと、僕には感じられます。

ライトの基本姿勢は超高層批判です。彼の生きたアメリカという場所、20世紀という時代は、超高層全盛です。彼はあえて超高層に異議を唱えて、草原に還れと主張しました。

コルビュジエはパリには超高層が必要だ、建築を超高層に集め、その足元に緑の公園を作ることが必要だと叫び、「プラン・ヴォワザン」（1925年）の絵を描きましたが、本気でパリに超高層を建てたかったとは思えません。低くて、重たくて、装飾だらけのパリを批判するための手段として、超高層の絵を描いたのです。

ミース・ファン・デル・ローエも、「垂直」の建築家ではありませんでした。「垂直」が支配する首都の中で、とりわけ突出した垂直のモニュメントを作ることができて初めて、その人は「垂直」の建築家なのです。

ミースは、垂直な超高層さえ、規格化されたグリッドのファサードで均質に覆い、突出することを巧みに回避しました。品のない垂直性が横行する時代の中で、垂直を否定することが、逆説的に「突出」した表現になることを、ミースは理解していたのです。

なぜ20世紀の巨匠達は垂直性を避けたのか。それは20世紀というのが、エリートの時代ではなく、大衆の時代だったからです。彼らには、時代が見えていたのです。

工業化社会とは、生産現場に実際にたずさわる中間層が力を得た時代です。エリートに対する風当たりは強く、全員に均等にチャンスがあることが、時代のテーマでした。

そんな時代を生きた巨匠達は、その時代の空気を読んで、巧妙に垂直性を遠ざけることで、時代のリーダーたりえたのです。

そんな時代の中で、唯一、「垂直」を引き受ける勇気があったのが、丹下健三でした。彼にそれができたのは、広島の悲劇のせいではないかと、僕は考えます。20世紀というフラットで民主主義的な時代においては、徹底的に破壊され、打ちのめされたものだけが、垂直に立ち上がることを例外的に許可されたのです。

打ちのめされたものが拳を振り上げたとしても、誰も文句をいえません。20世紀における垂直性は、その拳のようにして立ち上げられるしかなかったのです。

丹下健三が高校生活を過ごした広島は、徹底的に破壊され、フラットな土地に戻されました。その場所から建築家が拳を振り上げても、何ら恥じることはなかったのです。

丹下健三の建築家としてのキャリアが、広島の「平和記念公園」（1955年）からスタートしたことは、少しも偶然ではありません。丹下健三は、広島の灰の中から拳を振り上げて、首都へと攻め込んで行ったのです。

丹下健三は、首都を背負い、日本という国を背負い、垂直であることを少しも恥じませんでした。丹下健三の弟子達は、槇文彦さんにしろ、磯崎新[※37]さんにしろ、黒川紀章さんにしろ、垂直性に対して、批判的でした。日本がすばやく復興し、もはや弔い合戦の大義名分が失われたということです。

その時代の変わり目に、垂直な代々木体育館が建てられたのです。体育館という種類の建築は、そもそも水平のヴォリュームでいいわけですが、代々木はなぜか、垂直的です。二本の象徴的なコンクリートの柱から、屋根を吊るというアクロバティックな構造によって、この垂直性が獲得されています。

構成としては、伊勢神宮と同じです。伊勢では、両端の地面に突き刺された掘っ立て柱によって、国家を背負うに足るだけの、垂直性が獲得されています。伊勢を作った持統帝は、「日本」というフィクションを立ち上げるために、あえて掘っ立て柱をおっ立てたわけです。

伊勢を彷彿させる代々木体育館の強い柱に出会って、小学生の僕は圧倒され、打ちのめされました。その後も僕はこの体育館に通い続けました。この代々木のプールで、天から降ってくるような神々しい光の下で泳ぎたかったからです。

しかし、次第に代々木の第二プールの方が好きになりました。天から光が降り注ぐ大屋根の下にあるのは、第一プールです。人工地盤の下に埋められるようにデザインされたのが、第二プールです。第二プールは、いわば見えないプールです。その秘密めいたところに、次第に惹かれていきました。

第二プールは冬でもオープンしていたので、いよいよ第二プールにはまっていきました。日本が光り輝いていたあの１９６４年から遠ざかるほどに、広場の下に埋められた第二プールで泳ぐようになっていったのです。見えない建築へと、負ける建築へと、どんどん惹かれていったのです。

第四章

大船

イエズス会

田園調布幼稚園、田園調布小学校を卒業した後、僕は大船にある栄光学園に入学します。ここで、僕は「世界」というものと出会いました。

栄光学園では、カトリックの一派で、厳格な規律と教育とで知られるイエズス会が、ユニークな中高一貫教育を行っていました。教育の主役は、世界中からやってきた神父達です。ドイツ人、スペイン人、アメリカ人、メキシコ人と、多彩でした。彼らは十分すぎるくらいに人間臭くて、弱点だらけの、愛すべき人達でした。

僕の家にも、しばしば神父様が遊びにきてくれました。一生独身を貫き、神に人生を捧げた人達というと恐ろしげですが、彼らは、実に愛すべき、楽しい人達でした。ビールを飲んで、母の家庭料理を食べて、最後は僕の家の小さなお風呂にまで入っちゃうのです。

この体験を通じて、いわゆる「外人」に慣れ、「外人」に対する抵抗がなくなりました。みんな同じじゃん、という感じを手に入れることができたのは、この神父達のおかげです。

彼らのおかげで、キリスト教に対する違和感も、きれいさっぱりなくなりました。ヨーロッパという場所自体も、ものすごく身近な存在になりました。彼らの実家から届いたアーモンドのお菓子や濃い味のチーズも御馳走になりました。親戚のように親しくなれました。これは僕のその後の人生にとって、とても大きな事件でした。

身体

栄光学園で出会ったもう一つの大事なものが「身体」です。「身体」なんてものは誰でも持っているわけですから、あらためてそれに出会うなどというのも妙ないい方ですが、誰もが持っているということは、当たり前になりすぎて忘れやすいということでもあります。

栄光学園では「身体」を基本とする教育を行っていました。栄光学園というよりも、その母体となるイエズス会という修道会がといった方がいいでしょう。

キリスト系の学校が「身体」を重要視する教育を行っていたというと、不思議な感じがするかもしれません。キリスト教なら、逆に精神的なものを重要視するという印象を持たれるかもしれません。ましてや栄光学園は進学校でもありますから、その点でも、どうして「身体」なのと思われるかもしれない。

それを理解していただくには、イエズス会という修道会の起源から説明するのが手っ取り早いでしょう。イエズス会は、反宗教改革（カウンター・リフォメーション）という宗教運動をリードした修道会であり、スペインのイグナチオ・ロヨラ（１４９１―１５５６）とフランシスコ・ザビエル（１５０６―５２）らによって１５３４年に設立されました。

当時キリスト教の世界は大きく揺れ動いていました。バチカンを頂点とする既成のカトリックの腐敗、教条主義に対して、マルチン・ルター（１４８３―１５４６）が異議を唱え、16世紀初頭、いわゆる宗教改革の時代がスタートします。彼らは後に、プロテスタンティズムと総称されます。

第一章のマックス・ウェーバーの項で、資本主義やモダニズムデザインとの関係でしばしば登場するプロテスタンティズムです。コルビュジエのファミリーが信仰していたのは、プロテスタントの中でも最も急進的なカルヴァン派でした。

しかし、カトリックの側からも、プロテスタントに対抗して新しい動きが生まれます。

プロテスタンティズムは、徹底して「聖書」を重要視し、「聖書」を通じての救済を主張する一種の精神主義を取り、バチカンを頂点とするスタティックなヒエラルキーを否定し、個人個人の信仰生活を重要視しました。

一方、イエズス会を中心とする反宗教改革の運動は、教育と布教を重要視し、同志の結束に重きを置くことで、信仰の共同体を再建しようとしたのです。わかりやすくいえば、プロテスタンティズムの精神主義、個人主義に対し、イエズス会は共同体志向で行動主義、身体主義だったのです。

東洋への布教に力を入れ、体を張って見知らぬ土地へと飛び込み、従来のカトリックもプロテスタントもなしえなかった多くの成果を獲得しました。頭で難しい議論する時間があったら、体を使って布教しろという体育会系の人達でした。

その代表が日本に布教して殉教したザビエルです。日本人はザビエルの体を張った布教活動に圧倒されました。この人なら信じられるという説得力があったのです。

中間体操

現在のイエズス会も、その考え方を受け継いでいます。栄光学園のロケーションもその理念と関係しています。便のいい都会ではなく、わざわざ大船の山が選ばれ、身体主義の学校にふさわしく、サッカー場、野球場、トラック完備のゆったりした緑のキャンパスでした。

現在の栄光学園は、周りに庭付きの戸建て住宅やマンションが建て込んできてしまいましたが、僕が入学した当時は、山の中に緑に囲まれてぽつんと学校がありました。大船駅から坂道を登って、早足でも十五分かかります。バスは通っていたのですが、校則で、バスを利用してはいけないことになっていました。身体を重視するイエズス会の学校らしいユニークな校則です。

もっとユニークだったのは、毎日、二限と三限との間に行われた中間体操です。二限が終わると全員が上半身裸になって校庭に飛び出していきます。真冬でも上半身裸が絶対のルールでした。校庭を数周して体を暖めたあとで、十分間ほどの体操がありました。

こういう学校から、解剖学者の養老孟司先生が生まれたのは、きわめて自然なことであると、僕は感じます。養老先生は栄光の第四期生で、二十一期生の僕より十七年も先輩ですが、なぜか気が合って、しばしばお話ししたり、ご一緒に飲んだりします。

気が合う理由は、僕らがともに「身体派」であるからだと思います。建築家というのは、具体的で、地に足のついた思考をする人が多いと養老先生は誉めてくれましたが、僕は周りの建築家達を長いこと見てきて、必ずしもすべての建築家が、そのように非観念的な身体派ではないことをよく知っています。どうしようもなく頭でっかちで、観念的な建築家を僕はたくさん見ています。

そんな頭でっかちな人達でも、なんとか建築という形で、その頭でっかちの観念を地上に着地させ、肉体化させることができるのは不思議なくらいです。たぶん、お金を払うクライアントという存在が参加して、限られた予算というものがあり、さらに建設会社や職人といった、きわめて現実的な人達が最後に参加してくれるからです。そのおかげで、建築家がいかに頭でっかちで現実感覚に欠けていても、最終的には地上に降りてくることができるのです。

この僕自身にしたところで、いくら栄光学園の卒業だからといって、最初から地に足がついていたわけではありませんでした。建築を実際に作るという、頭でっかちを鍛え直すシビアなプロセスを、何十回も繰り返しているうちに、ようやく物質というもの、身体というもののリアリティをつかむことができるようになったわけです。

養老先生も何十回、何百回も死体と向きあって、解剖を繰り返しているうちに、あの強靱な思想に辿りついたのだと思います。それでも、すべての解剖学者が養老先生になれるわけではありません。僕らの中で、栄光学園の教育、イエズス会の身体主義が果たした役割は決して小さくはありませんでした。

黙想

人生のこの時期に、イエズス会というユニークな宗教に出会えたことは、とてもありがたいことでした。なかでも、自分にとって貴重だったのは、高校一年の春の、「黙想の家」での体験です。

「黙想」は、必修の授業ではなく、希望する者だけが参加できる、特別な修行でした。

とんでもなく厳しいという噂が飛び交っていて、参加希望者は限られていました。僕は宗教心というよりは、好奇心で応募した不真面目な生徒でした。しかしその不真面目さは、一瞬に打ち砕かれました。

上石神井のイエズス会の修道院が「黙想」の会場でした。住宅地の中に突然高い塀があって、小さなドアが一つあいていました。そのドアをくぐった瞬間から、別の時間が流れ始めました。

担当の大木神父が、十人ほどの参加者に向かって話し始めました。「これから三日間、君達は一切、口を開いてはいけません。一言も、いけません」というのです。

くだらないおしゃべりにあけくれていた高校一年生は、それこそ、口がきけないくらいのショックを受けました。大木神父は、ピンク色のセーターを着たハンサムな神父様でしたが、その声を聞いただけで、この人は本気なんだ、生命をかけて、このどうしようもない幼稚な子供達に何かを伝えようとしていることが伝わって、怖くなりました。

あのような声の持ち主に、それまで会ったことがありませんでした。大木神父が僕らに伝えたかったことは、一言で要約すれば、人間は罪深いということです。そして必ず死ぬということです。

サハラ砂漠の砂を、カラスが一粒ずつ運ぶという話が始まりました。「サハラの砂を運びきるのに、どれくらいの時間がかかりますか」「地獄の苦しみというのは、そんなものではありません。砂を運びきる時間とは比較にならないくらいの長い苦しみを、あなた達は味わうのです」と、大木神父は語り始めました。高い塀の中で、真っ暗で寒い部屋の中で、透き通った声が響き続けました。

大木神父との接点は、その三日間だけでした。大木神父はその後、ネパールのポカラに渡って、障がい児のための施設の建設に一生を捧げました。「ポカラの大木神父」と呼ばれました。あの時、大木神父と三日間過ごせたことは、僕にとって一生の財産です。それは大木神父体験であると同時に、修道院体験でもありました。

コルビュジエの原点が、彼の、修道院体験であったという説があります。彼の建築思想の根幹を作ったといわれる1911年の「東方への旅」。六カ月にわたり東欧、トルコ、ギリシャ、イタリアをめぐった伝説的な旅の中で、彼は修道院に宿泊し、小さな寒い部屋を体験します。

ロマネスクの最高傑作といわれるトロネの修道院も彼にとって特別な存在でした。修道院の、何もない小さくて質素な部屋がコルビュジエの建築の原点であったという説に、僕も同意します。

コルビュジエの青春には、さまざまな新しいデザイン、新しいトレンドの嵐が吹き荒れました。その嵐の中から彼が自分を見出せたのは、彼が修道院と出会ったからだと僕は考えます。なぜなら、僕も、上石神井の修道院の小さな部屋で、何かに出会ったからです。

余分なものがないという意味で、それは機能主義の空間でした。余分なものがいくらあっても、死を前にしては何の足しにもならないということも、そこで教わりました。機能主義は、効率的な生と結びついている以上に、絶対的な死とつながっているのです。

大木神父の講話が終わると、それぞれ部屋に戻ります。小さくて寒い部屋で、壁はグレーに塗られていて、小さなスチールパイプのベッドと、木製の机が一つだけ置かれていて、聖書が載っていました。殺風景でさみしくて、すぐベッドに横になるのですが、ずっと大木神父の声が僕の中で響き続けていました。

死を突きつけられた重たい三日間が過ぎて、高い塀の向こう側の日常に戻ると、自分が生まれ変わったように感じました。同じ体のはずなのに、違う自分がここにいると感じました。

ヨオロッパの世紀末

生まれ変わった理由はもう一つあります。この三日間のあいだ、小さなグレーの寒い部屋に戻ると、僕は一冊の本を読みふけっていました。吉田健一[※38]の『ヨオロッパの世紀末』（1970年）です。

それまで吉田健一という作家は知らなかったのですが、たまたま新聞の文芸時評で、丸谷才一が激賞しているのを見て、あの高い塀の中の小さな部屋に持ち込みました。乗り換えの渋谷の本屋で手に入れました。

吉田健一は、「戦後」という時代の枠組みを作った宰相、吉田茂の長男です。吉田健一の文学は、成熟の時代の産物です。そのマチュアな文学が成立し、受け入れられるような豊かな日本を用意したことが、吉田茂の最大の功績だというのが、丸谷才一の説です。

一般には、偉大な父と、父の跡も継がず、文学に遊んだ息子ということになりますが、丸谷はその図式を逆転します。息子の偉大な業績と比べて、父は単にその地ならしをしただけの、息子に従属する存在というわけです。文化と政治、経済の関係が再定義されて、うれしくなりました。

吉田健一の文学は、一言でいえば、ポスト高度成長の低成長時代、少子高齢化の成熟の時代に、人はどう生きていくべきかを指し示すものでした。ヨーロッパにおける世紀末こそが、日本が体験する成熟時代のお手本だと、吉田健一は喝破したわけです。

世紀末、すなわち19世紀末のヨーロッパは、イケイケの産業革命に疲れたヨーロッパに訪れた、退廃的で病的な時代と捉えられていました。『サロメ』に代表されるオスカー・ワイルドの文学や、フランスのボードレール、ヴェルレーヌ、ランボーらの、アブサンの香りのする象徴主義文学がその代表です。

吉田健一は、この「退廃した世紀末」という図式を反転します。世紀末こそ、ヨーロッパが最も輝いた時間であると再定義します。19世紀末こそが最も、繊細で、優雅な時代であり、人間という存在の限界をわきまえた、精神活動のピークであったというのが、『ヨオロッパの世紀末』のスリリングな結論です。優雅と諦念という言葉が繰り返し出てきます。

さらに吉田は、「世紀末」という成熟した精神状態は、19世紀末のヨーロッパのみならず、さまざまな場所で出現すると論を進めます。特に、日本という場所は、「世紀末」

の宝庫だというのが、吉田の説です。

源氏物語も新古今和歌集も世紀末文学だと、吉田健一は日本を総括します。日本という場所は、世紀末的洗練が頻繁に訪れる、特別に優雅な場所だと、吉田は結論づけます。

反ユートピア

ユートピア的思考法を、吉田は徹底的に批判します。「山のあなたの空遠く、幸い住むと人のいう」というユートピア型の思考形式を、吉田は徹底的に嘲笑します。目の前の現実とは別のどこか素敵な場所に、素晴らしいユートピアは存在するという思考形式こそが、『ヨオロッパの世紀末』の標的です。ユートピア型、新築型の思考形式が徹底的に批判されます。隣の芝生は青いというのがユートピア型です。

だましだまし、改築を進めてきた大倉山流のやり方を、吉田が評価してくれた気がして、うれしくなりました。強い味方を手に入れた気分になりました。

だましだましという方法論は、学生運動とも深い関わりがあります。1968年に勃発したパリの騒乱をきっかけとして、世界で学生運動が火を噴きました。日本でも1968年に東大紛争が起こり、安田講堂事件があって、中学生だった僕はテレビに釘付けになりました。

僕らの栄光学園も、先輩たちが、激しい抗議活動を始めました。先輩というのは、いわゆる団塊の世代です。校長を罵倒するその激しさに圧倒されながら、同時に、強い違和感がめばえました。

学生運動の、ユートピア志向に違和感を覚え始めたのです。吉田健一を読んだことで、いよいよユートピア的思考に対する懐疑が強まりました。自分は、暴力的なユートピア派とはなじまない。だましだましでじっくり粘り強くいこうと、その時に決意したのです。

1970年

1970年というのは、特別な年でした。高度成長の時代が終わり、この年を境に低成長の少子高齢化社会が始まったことを、多くの統計指標が示しています。その特別な年に、黙想の家という特殊な場所で死と遭遇し、世紀末について考え始めたわけです。

多くの社会学者や歴史家がこの年を特別な年と見なしています。社会学者で日本のフェミニズムのリーダーの一人である上野千鶴子さんは僕の親しい友人ですが、彼女も1970年で日本は変わったという説です。マッチョな高度成長の時代が曲がり角を迎え、この年を境にフェミニズムの運動が胎動を始めたというのです。

そんな特別な年の春に、一人で修道院の小部屋にこもって、大木神父からサハラ砂漠の砂の話を聞き、吉田健一から「世紀末」を教わったということが、僕のその後の人生を決定づけました。

たそがれの「世紀末」に染まったのに、それでも建築という、物を作る仕事をやりたいという気持ちが変わらなかったのが、不思議といえば不思議です。

吉田健一自身が、最初は建築家志望だったという説があります。彼はケンブリッジに留学するのですが、最初は建築を志し、理由は定かではありませんが、途中でその途を放棄したという説です。

このあたりの経緯は、吉田の人生の中でもベールに包まれていて、よくわからないところですが、彼の中で何かが起きて、吉田はケンブリッジも中退し、文学に進むわけです。

吉田は1912年生まれ、丹下は1913年生まれ。彼らの青春時代、建築は工業化社会のリーダーとして、熱く輝くような存在でした。

しかし吉田は、そんな時代が長続きしないことを予想したのでしょう。あるいはそのような建築観の浅薄さ、下品さに気づき、建築に見切りをつけて、成熟の低成長時代にふさわしい、批評の世界に飛び込んでいきました。吉田の評価が晩年になるほど高まったのは、イケイケの時代が、世紀末的な批評の時代へと転換していったせいとも考えられます。

それでも吉田は、東京の牛込に自邸を作る際、コンクリートブロックでできた奇妙な壁をデザインしたといわれています。建築に対する思い入れが捨てられなかったのではないかと、僕は勝手に想像します。

大阪万博

僕が吉田の思想に出会ったにもかかわらず、建築家になる夢を放棄しなかった一つの理由は、1970年の3月に開会した大阪万博です。

1964年の東京オリンピックと1970年の大阪万博を、日本の高度成長期の二大イベントという言い方をする人がいますが、この二つはまったく違う時代、まったく対照的な空気に属していました。二つのイベントの間に、何かが決定的に変わったのです。その空気の違いを象徴するような「反建築」に、僕は大阪で出会いました。その出会いが、僕の建築への夢をつなぎとめてくれました。

60年代の後半から、水俣病を始めとするさまざまな公害が大きな社会問題となりました。1968年のパリの五月革命は世界に飛び火し、1968年は水俣病の原因が有機水銀だと特定された年でもありました。70年万博のテーマは「人類の進歩と調和」ですが、実際には「進歩」の時代はすでに終わったという空気でした。

どうしていまだに「進歩」がテーマとして残っているのが不思議だし、とても恥ずかしい気がしました。どうやって、環境に対して、自然に対して、「調和」した文明を築けるかが、この時代の主旋律だと感じていた僕は、「進歩」に強い違和感を感じました。

この大阪万博には父と行かずに、夏休みに高校（当時一年生）の友人達と連れ立って行きました。

暑くて、行列が長すぎて、退屈でつまらなかった。丹下健三の設計したお祭り広場は、スチールのフレームは武骨で粗っぽいし、その大屋根を突き抜けた岡本太郎の太陽の塔も、形が主張しすぎてちょっと違うなと感じました。あの美しい代々木体育館を設計した人が、なぜこんなことになってしまったのか、まったくわかりませんでした。

人気のあるパビリオンは長蛇の列で、並ぶ気にはなりませんでした。ソビエト館は垂直性の強いモニュメンタルなもので、時代錯誤にしか見えなかった。

それに対して、膜構造のアメリカ館は、地面に同化するように低い建築でした。時代は垂直から水平へ向かっているというメッセージが込められているようでもあり、フラードーム風の膜構造にも、布好きの僕は興味をそそられたのですが、「月の石」が展示されていたせいで、ソビエト館以上に長い列でした。炎天下で長時間待って、たかが「月の石」を見る気にはとてもなれませんでした。

メタボリズム

当時新進気鋭の黒川紀章の建築も、正直いって、がっかりでした。建築は、機械をモデルにしたものから生物をモデルにした柔軟なものへと転換するという、彼のメタボリズムの理論には小学生の頃から興味がありましたが、万博に出現した「東芝ＩＨＩ館」や「タカラ・ビューティリオン」は、まさに機械そのもののように武骨で、重たい鉄でできた怪獣みたいで、あまり近くに寄りたくありませんでした。

メタボリズムとは、黒川紀章、菊竹清訓[※39]、浅田孝[※40]、槇文彦らが、新陳代謝（メタボリズム）から名前をとって世界に向けて発信した、一つの新しいデザイン運動でした。

東京オリンピックの代々木体育館を見て、僕は建築家になりたいと思い始めるのですが、その頃、テレビ、新聞でも、メタボリズムという言葉が頻繁に登場しました。なかでも黒川さんは、ＮＨＫでしばしば新しいアーバンデザインやメタボリズムの解説をしていて、その滑舌のいい話し方にしびれました。丹下さんの話し方は、逆にもぐもぐとしていました。

西洋は広場の文化で、アジアは道の文化であるとか、東京は西洋的な概念でいう都市ではなくて、数百個の村の集合体であるという、黒川さん流の整理の切れ味に、小学生の僕は圧倒されました。

特に具体的なイメージとして焼き付いているのは、解体工事中の現場に立ち、ヘルメットをかぶって解説する黒川さんの姿です。クレーンから吊るされた鉄の球が、コンクリートの壁に叩きつけられていました。轟音《ごうおん》が響き、煙が立ち込める中で、黒川さんが叫んでいました。

「メタボリズムの提唱する、新陳代謝可能な建築は、このような環境に悪影響のある解体工事を必要としない。世の中の変化、ニーズの変化に従って、カプセルを取り換えることで、建築はスムーズに変身していくことでしょう」

いっていることは少し眉唾だと感じましたが、現場でヘルメットをかぶっている姿が印象的でした。建築家というのは、現場と近くにいるんだということが、とてもうらやましく感じられました。

なにしろ何かを作っている現場が好きだったのです。サラリーマンの父も、周りに増殖していた郊外住宅も、現実感がなくて、妙にこざっぱりしている感じがいやだったのです。裏の農家のジュンコちゃんちがうらやましかったのは、そこに現場があったからです。

その黒川さんのことはその後も興味をもってフォローしたのですが、彼が大阪万博に作った建築を見て、完全にメタボリズムには醒めました。黒川さんがデザインしたどの建築も、あの解体工事現場の鉄の球さながらに、重たくて「痛そう」な感じがしたからです。

「機械から生物へ」といっているくせに、機械そのものでした。少しもやわらかく、やさしくなかったのです。進歩にも工業化にも醒めてしまったひねくれた高校生は、メタボリズムと訣別しました。

反建築

暑さと行列による疲れのせいもあって、万博には失望ばかりだったのですが、二つだけ感激したものがあります。一つはスイス館。アルミの細い棒でできた美しい樹木が広場の上にぽつんと立っているのです。広場そのものが展示なので、行列がなく、待つ必

「北上川・運河交流館 水の洞窟」1999年

要がないのです。その建築のあり方にというか、建築がないことにまず感心しました。自分の敷地を広場として開放し、そこにアルミの大きな木が立っているだけなのです。

単に美しいだけだったわけではありません。パビリオンを羅列して幼稚なお国自慢をする万博という形式自体への、鋭い批判が込められているように感じました。

パビリオンとは、僕が違和感を持ち続けていた「家＝個人住宅」とよく似ています。自分の敷地に閉じたハコを作って、大事なものを飾って、自慢をしているわけです。スイス館はそんなエゴイスティックなハコを解体する試みです。明るく、風通しがよくて、その木の下にいるだけで、さわやかな気持ちになりました。パビリオン批判というより、建築批判そのものであったのかもしれません。

それは僕が出会った初めての「反建築」でした。その後、僕自身が「亀老山展望台」(97頁)「北上川・運河交流館 水の洞窟」(1999年、前頁)のような「反建築」を設計します。どちらも形がなくて、緑と体験だけがある状態を目指しました。このスイス館で「反建築」に目覚めてしまったのかもしれません。

トレー

もう一つ感激したのは、フランス館です。といってもパビリオンの方はどうでもよくて、カフェテリアのトレーに感激しました。

高校生ですから、値段の高いレストランに入れない。カフェテリアでトレーを持って列に並ぶのですが、フランス館のトレーが抜群にかっこ良かった。凸凹が巧みにつけられていて、トレーの上に皿を取るのでなく、トレー自体が皿の役割を果たしていて、別に皿を用意する必要がない。ナイフやフォークやグラスのデザインもトータルにコーディネートされていました。

一つの単純なユニットだけで、世界という複雑なものを構成することが、僕の建築の大きなテーマです。たとえば「Water Branch House」(2008年)という名のプロジェクトでは、ポリエチレン製の小枝(ブランチ)のような形をしたユニットだけで、人間の住まいを作ろうと試みました。建築の床、壁、天井だけではなく、キッチンも風呂もベッドも、この一つのユニットだけで作れるのです。

「Water Branch House」2008年

キッチンのような装置的なものまで、同じユニットで作れてしまうというところが、自分で気に入っています。いわゆるジャンルの横断というアイデアです。ニューヨーク近代美術館(MoMA)の「Home Delivery」という未来の住宅への提案を集めた展覧会で展示されました。
「カサ・アンブレラ」(123頁)というプロジェクトは、ミラノ・トリエンナーレの依頼で作った、避難民のための仮設住宅です。十五個の傘をジッパーで接合するだけで、十五人用の住宅ができる仕掛けです。

この傘を玄関に備えておけば、いざという時安心です。傘の細い骨だけでこのドーム状建築が支えられるような仕組みは、構造エンジニアの江尻憲泰《のりひろ》さんが考えてくれました。

建築、家具、小物といったジャンルの縦割りは、これからますます意味を失っていくでしょう。そんな感覚が僕の中にめばえたのも、あの大阪万博の、フランス館のチャコールグレーのトレーがきっかけだったかもしれません。小さな単位をどんどん組み合わせていって、世界という大きな全体に到達するという一連のプロジェクトは、このトレーから始まっています。

細胞

ここで重要になるのが、単位の大きさという話です。どの大きさのものを単位とするかで、話がまるで変わってきます。

黒川さんもいうように、あるいはル・コルビュジエも主張したように、20世紀とは機械の時代でした。機械の時代には、世の中のすべてを、機械というモデルで解決しようとする妙な癖がありました。20世紀の人間は生物の体さえも、一つの機械として理解しようとしました。

機械とは部品の集合体です。その考え方を身体に当てはめると、器官（臓器）の集合体としての身体というモデルが生まれます。骨、皮膚、脳、胃といった器官の集合体として、身体を捉えようとするのです。

しかし、生物の体は機械とはまったく違います。生物の本質は流れです。器官よりもはるかに小さな細胞という単位が、体の中を流れ続けているのです。ある場所で作られた単一の細胞が、変化しながらいろいろな場所に流れて行って、内臓や皮膚を作り、役目を終えると排泄される。

生物とは、そのようなしなやかで開かれた「流れ」のシステムだというのが、脱機械時代の生物観です。最新の生物学では、そのような「流れ」の身体観を後押しする発見や研究が、相次いでいます。

コルビュジエの有名な言葉に「住宅は住むための機械だ」というのがあります。

１９２０年代らしい宣言です。当時人々は、自動車や飛行機などの新しい機械の登場に興奮していました。

60年代のメタボリズムも、基本的には20世紀の主役である機械にしばられていました。生物をモデルにして新陳代謝（メタボリズム）という概念を折角見つけたにもかかわらず、機械から離れられなかったのです。メタボリズムを生んだ60年代の日本の現実の中では、20年代のパリと同じくらいに、機械はまだまだかっこ良くてクールだったのです。だからカプセルという一種の機械部品を単位にしてしまったのです。

簡単にいってしまえば、カプセルという単位は大きすぎました。だから実際のメタボリズムの建築は、生物のしなやかさから遠ざかってしまったのです。メタボリズムの代表作といわれる黒川さんの「中銀カプセルタワー」（１９７２年）のカプセルが、取り換え可能を謳いながら、実際には新陳代謝どころではなく、ただ風化するだけだったというのは有名な話です。

中銀カプセルの勇気には感服しますが、単位をもっと小さくし、生物的なしなやかさを獲得したいというのが、僕の目標です。そうすることで、脱機械時代にふさわしい、生物的なしなやかさ、生物的な「流れ」を獲得したいのです。

Water Branchの真意はそこにあります。Water Branchではユニット同士をつなげ、中に温水や冷水を流すことで、床や壁、ベッド自体を暖めたり、冷やしたりできます。これも細胞の中にさまざまな液体が流れる、生物の身体システムをヒントにしたものです。

生物の体中に張りめぐらされた毛細血管は、部位部位の流量の調整によって、体温の調

什器版の「CIDORI」

「Water Branch House」はユニットをチューブでつないで水を流せる

整を行い、気温の変化に対して柔軟に対応しているのです。ユニットの中を自由に水を流すことができるＷａｔｅｒ Ｂｒａｎｃｈなら、似たような環境調整が可能なはずなのです。

ＣＩＤＯＲＩ

単一ユニットで世界を構成する細胞的プロジェクトのもう一つの代表が、先述したＣＩＤＯＲＩです。

ＣＩＤＯＲＩは構造エンジニアの佐藤淳さんの助けをかりてＧＣプロソミュージアム・リサーチセンター（63頁）に進化し、その後に東日本大震災が起き、東北の木工の職人さんをサポートする「ＥＪＰ（East Japan project）」（２０１３年）という名のプロジェクトに進化しました。

岩手の職人さんの技を使って、什器版のＣＩＤＯＲＩシステムができました（前頁）。ＣＩＤＯＲＩを構成する長さ54センチの棒さえ手に入れれば、机でも椅子でも棚でも作れてしまうというのがＣＩＤＯＲＩの画期的なところです。形を変え、機能も変わる、オープンな家具、什器システムです。

机は机、椅子は椅子というふうに、どんどんモノばかりが増えてしまう、20世紀流の大量消費システムに対する批判が、ＣＩＤＯＲＩの原点です、なにしろ棒があれば、何だって自分で作れてしまうのですから、これぞ僕がずっと目指してきた建築のデモクラシーです。

原点は、２歳の頃から遊んでいた積み木であり、万博で出会ったフランス館のトレーです。デモクラシーを近代的デモクラシー発祥の地、フランスから習ったのは、ちょっとした偶然です。

シカゴ万博

「反建築」や「細胞建築」のヒントを手に入れたのは大阪万博です。そう考えると、若者に人生のきっかけを与える意味で、万博という名の品のないお祭りも、捨てたものではないかも、という気分になります。

過去を眺めると、二人の建築家、アドルフ・ロース[※41]とフランク・ロイド・ライトの若き日の万博体験がすぐに思い起こされます。

ロースはアメリカの親戚の家に滞在中、シカゴで開かれたコロンバス博（新大陸発見100年後の1893年開催）を訪ねます。そこで出会った日本館に大きな衝撃を受けます。ロースは「装飾は犯罪だ」という有名な言葉で知られるモダニズムのパイオニアの一人ですが、装飾を排したシンプルなデザインの原点が、万博の日本館体験です。

同じくライトも、1893年のシカゴで、あるパビリオンを訪ねて、衝撃を受けます。なんとこれがまた日本館だったのです。宇治の平等院鳳凰堂をモデルにしてデザインされ、日本人の大工の手で建設されたという日本館は、庇が深く張り出した、伝統的な日本建築でした（次頁）。

ここでライトが何を得たかは、その前と後とのライトの建築を比較すれば一目瞭然です。

それ以前のライトの建築は、四角い箱でした。箱に小さな窓があき、庇のない屋根が載っているだけの典型的な19世紀アメリカ住宅です。様式的にいえば、コロニアルスタイルということになります。

ところが万博の後でライトのスタイルは一変します。窓が大きくなり、横につながり、庇が出始めるのです。箱が解体され始めるのです。このポスト万博のライトは、最終的に、「ロビー邸」（１９０６年）という傑作に結実します。

ロビー邸はヨーロッパにも紹介され、外部と内部とを連続させるモダニズム運動の原点となりました。と考えれば、ライトの万博体験、日本体験がなかったら、モダニズム建築は生まれなかったといえます。

ロースとライトという二人のモダニズムの主役が、ときに、万博から何かをつかみ、日本から何かを手に入れたことを、日本人はもっと誇りにしてもいいでしょう。

1893年のシカゴ万博での日本館（手前）

第五章

サハラ

オイルショック

大阪万博の広場とトレーで建築への夢が何とかつながって、東京大学に入学したのが1973年です。この年がまた、1970年と同じくらいに、いろいろなことがあった劇的な年でした。最大の出来事は、10月に起きたオイルショックです。

石油の値段が一気に上がり、街中の店からトイレットペーパーが消えてしまうという、奇妙な事件が起こりました。東大の生協の売店にだけは、なぜかトイレットペーパーが残っていて、母や祖母のために持ち帰って、喜ばれたりもしました。

東大で建築学科に進むためのプロセスはちょっと複雑です。まず入試で理科一類に進み、駒場で二年間一般教養を学んだあと、進学振り分けというプロセスを経て、三年から、本郷の工学部の建築学科に進むわけです。

当時、建築学科は工学部の中で最も人気の高い学科でした。60年代の高度成長の主役の一人が建築だったからです。

64年に東京オリンピックがあり、70年に大阪万博が開かれて、建築や建築家は世間の注目の的でした。各学科には定員（建築学科でいえば六十人）というのがありますから、人気が高くなると、駒場での点数で上位のものだけが建築に進めるということになります。それが進学振り分けという制度です。

僕らの学年は、建築学科への進学に必要な点数が史上最高点だったと騒がれました。よっぽどの秀才ではないと建築には進めなかったのです。とはいっても、東大に入学した後は、合コンやマージャンにうつつを抜かす学生が大半でしたから、いい点数を取ることは、それほど難しいことではありませんでした。

ところがオイルショックの前後で、突如として建築に対する世の中の視線が変わったのです。重厚長大の時代は終わり、建築の時代は終わるという、冷たい視線が支配的になったのです。

ぎりぎりのところで、僕らの学年は進学振り分け最高点をマークし、次の年から、建築学科の人気は急落しました。いわゆる、底なし、どんな点数でも入学できる学科ということになりました。オイルショックはそれほどに、人々の気分、若者達の心理にも大きな影響を与えたのでした。

僕らが卒業する時には、建築学科を出ても就職先はないから覚悟しろと、教授達からおどされました。そんな「建築冬の時代」が、突如として降りかかってきたのです。

しかし実のところ、僕はまったく驚きませんでした。高度成長期的なイケイケの建築を作りたくて建築学科に進んだわけではないからです。そもそも建築の時代は終わった、ということを前提にして、「その後」の建築を作りたかったのです。オイルショックも建築の没落も「想定外」ではなく、十分に「想定内」だったのです。むしろ、やっと待っていた時代が来たという感じでした。

モダン

「想定外」であったのは、教養課程を修了し、本郷の建築学科に進んでからの教育です。そこには「建築が終わった」感じがほとんど感じられなかった。

東大の建築学科のデザイン教育の基本は、丹下健三によって作られました。丹下先生は僕の入学と入れ違いで定年退官されましたが、丹下さんの垂直性の強いシンボリックな建築は、僕が求めている「反建築」的なものの対極と見えました。クラスメイトの間でも、丹下さんに関心をもっている学生は少なかったのですが、丹下さんが崇拝したモダニズム建築の巨匠、コルビュジエは、依然として神様でした。コルビュジエこそが「モダン＝近代」のチャンピオンと考えられていたわけです。

いまさらコルビュジエをあがめる気持ちもまったくわかりませんでした。コンクリートのコルビュジエ、鉄の建築のミース・ファン・デル・ローエが二大巨匠ということになっていて、どちらが好きかと議論している連中がいましたが、二人とも、僕にとってはどうでもいい存在でした。

何で今さら、コンクリートや鉄の巨匠をあがめなければいけないのか。拒否権的でひねくれた自分が顔を出しました。

コルビュジエやミースの作品を詳細に分析して、この比例がいいとか、このディテールが美しいとかいう研究をしている友人もいましたが、僕にはまったくその研究の意味が理解できませんでした。

プロポーションがいい悪い以前に、工業化社会という夢多き時代のチャンピオンであった彼らは、僕にとって退屈な建築家であったのです。僕らはまったく違う時代を生きているはずなのに、なんでいまさらコルビュジエやミースなのか、理解不能なのです。

そして、それ以上に気になったのが、建築学科における「近代＝モダン」という時代の定義の仕方です。

僕は吉田健一から「近代＝モダン」というものを教え込まれました。一言でいえば、それは「たそがれとしての近代」です。19世紀を吹き荒れた産業革命と高度成長の嵐の後に来たのが「近代」です。「新しい世界」を作ろうとするユートピア精神が支配した19世紀の後に、「近代＝モダン」という成熟した静かな時代が来たというのが、吉田による「近代＝モダン」の定義です。

「たそがれ」の時代の基本は、人間という存在の限界、その弱さに対する冷静な認識です。冷静であると同時に、あきらめです。「新しい世界」を作れるほどには、この生物は強くないという認識です。

その諦念の上で、制約の多い、限定だらけの世界を豊かに生きられるか。あきらめの境地の上に、優雅で軽やかで、透明で、しかも批評的な精神に溢れた「近代」の文化が花開いたわけです。近代文学も近代音楽も近代芸術も、そのような性質を持った文化です。では近代建築、すなわちモダニズム建築はどうだったか。

虚の透明性

モダニズムの建築だけには少し違う事情が作用していました。代表選手といわれるコルビュジエやミースの建築作品には、確かに近代的な軽やかさや透明感が溢れています。

問題はその透明性の実体です。20世紀を代表する建築史家、コーリン・ロウは『マニエリスムと近代建築』（原著は1976年刊）の中で、建築には二種類の透明性があると喝破しました。

一つはガラスやアクリルのような、実際に透明な素材を使うことによって獲得できる透明性で、彼はそれを「実の透明性」と名付けました。

もう一つの透明性は、実際には透けていないにもかかわらず、空間構成のトリックによって、いくつかの層（レイヤー）状の空間が重なり合うことで感じられる透明性で、これをロウは「虚の透明性」と名付けました。

ガラスを自由に用いることのできなかった、16世紀のイタリアの建築家アンドレア・パラディオ[※42]の建築にも、「虚の透明性」を見出すことができるとロウは指摘しました。

コルビュジエはガラスを多用し、「実の透明性」を獲得したが、同時に、パラディオにも通じる「虚の透明性」がコルビュジエにもひそんでいると、具体的な平面図の分析を通じて、ロウは結論づけるのです。

「虚の透明性」という概念は、僕にとっても腑に落ちるものでした。それは「近代＝モダン」という時代の根底にある、重要な概念です。「たそがれ」の時代には、すべてが重なって見えるのです。ロウはその意味で、僕が目指す「たそがれ」の時代の建築の姿を暗示してくれた、大切な恩人です。

現在の中に過去があり、現在の中に未来がある。自分の中にも他人があり、他人の中にも自分がいる。そのような重層性こそが、「近代＝モダン」という「たそがれ」の時代の本質です。

19世紀の象徴主義文学は、そのような重層性を獲得しました。たそがれという特別な時間の中には、朝も昼も夜も、すべてが重なっているというのが、世紀末の象徴主義文学のテーマです。吉田健一も愛したプルースト[※43]的な世界です。プルーストが『失われた時を求めて』で示したような、紅茶に浸したマドレーヌの中に、すべてが重層しているような世界です。

同じように、19世紀末の印象主義の絵画の基本も、空間の重層性です。ルネサンス以来の透視図法による奥行きの表現ではなく、薄いレイヤーの重なりによって空間の重層性を獲得する手法を、印象主義は発明しました。そして、この手法は、透視図法なしで奥行きを追求してきた、日本の浮世絵から学んだといわれています。

過去と現在とが重層し、近くと遠くのものが重層する状態こそが、「近代＝モダン」という時代のすべての領域に共通する特質なのです。

フランク・ロイド・ライトは、広重を中心とする浮世絵の収集家でした。ライトが広重から空間の重層性という概念を学び、それを建築に適用させることで、モダニズム建築がスタートしたといわれます。

ライトが浮世絵を通じて手に入れた「虚の透明性」を、コルビュジエやミースはライトの建築から学びました。コーリン・ロウから「虚の透明性」という概念を教わったことによって、僕がずっと考えてきた近代という概念と、コルビュジエに代表されるモダニズム建築とを、初めて一つにつなげることができました。

アメリカの時代

コルビュジエやミースの建築はヨーロッパの近代という特殊な時代の産物ですが、同時にまたコルビュジエ達の眼は、アメリカという新しい場所、時代を向いていました。モダニズム建築は、20世紀という、アメリカがリードする新たな高度成長の時代のための、便利な建築様式でもあったのです。

コルビュジエにもミースにも、ヨーロッパの時代が終わり、アメリカの時代が始まろうとしていることがはっきりと見えていました。19世紀的で産業革命的な工業ではなく、大量生産を基本とするアメリカ的な工業が20世紀の覇権を取ることが、彼らにははっきりと見えていたのです。

賢明な彼らは、アメリカで何が受けるかがよくわかっていました。彼らのデザインのターゲットは明らかにアメリカでした。

コルビュジエとミースが、モダニズム建築のエースというポジションを獲得するのは、ニューヨークの近代美術館（MoMA）で1932年に開かれた、「モダン・アーキテクチュア」という名の展覧会がきっかけでした。

この展覧会をきっかけに、モダニズム建築はアメリカで大ブームとなりますが、コルビュジエとミースも、この展覧会でスターの座を獲得したのです。コルビュジエやミースが描いた超高層のドローイングは、アメリカおよび新世界向けの営業ツールという色彩の強いものでした。

彼ら二人は、「虚の透明性」の表現だけではなく、「実の透明性」の表現にもたけていたので、アメリカでもてはやされたのです。ガラス、細い鉄、薄いコンクリートなどの最先端の工業製品によってもたらされる実際の透明感を、見事に建築デザインへと昇華させたのです。結果として、コルビュジエもミースも、日本を含む新世界で大いにもてはやされ、最終的には20世紀の巨匠という特別な扱いを受けるわけです。

彼らは「近代」と「アメリカ」という二つの異質な世界をつなぐ、ヒンジの役割を果たしました。彼らに二面性が備わっていたからです。ミースはヨーロッパからアメリカに実際にも移住し、アメリカのスカイスクレイパーの原型である「シーグラムビル」（1958年）を作りました。コルビュジエの弟子達は、ニューヨークの「国連ビル」（1950年）やブラジリア（1960年）を作り上げました。

コーリン・ロウから「虚の透明性」を教わったせいで、コルビュジエやミースに対する違和感は少し薄れましたが、それで彼らにのめり込んだわけでもありません。彼らの中の「実の透明性」の部分、アメリカ受けを狙った部分、ガラスっぽい部分、コンクリートっぽい部分、鉄っぽい部分を、どうやったら消していけるのだろうか。学生時代の僕はぼんやりとそんなことを考えていました。もちろん、解決策がすぐに思い付くわけでもなく、拒否のもやもやとした気分だけが続いていました。

鈴木博之

そういう違和感の中で、何人かのメンター（師匠）と呼べる先生方に出会い、少しずつ霧が晴れていきました。西洋建築史を教えてくれた鈴木博之[※44]先生はその一人です。鈴木先生はかつては学生運動の闘士でした。その後、イギリスに渡って、19世紀後半（まさに世紀末）のイギリス建築を研究します。ジョン・ラスキン（1819—1900）やウィリアム・モリス（1834—1896）達のアーツ・アンド・クラフツ運動です。彼らこそ反産業革命、反イケイケの、「たそがれのイギリス」のチャンピオンでした。僕が吉田健一から習った「近代」を生きた人達でした。

鈴木先生の講義は、イギリスの世紀末にこそ、未来のヒントがあるという内容のものでした。当時の学生の一般的な気分では、アーツ・アンド・クラフツは、その後来たモダニズムに負けた古臭い敗者という扱いでした。

しかし、鈴木先生はこの見方を反転させてくれました。『建築は兵士ではない』(1980年)という著書にも励まされたし、遅れたものが先に立つという言葉にも勇気づけられました。鈴木先生はアーツ・アンド・クラフツを媒介にして、モダニズム建築と、僕が考えていたたそがれの近代＝モダンとを結びつける、重要なヒントを与えてくれたのでした。

吉田健一流の文体の「近代建築論」を鈴木先生に提出したら、面白がってもらえました。読点が極端に少なくて、句点だけでだらだらと文章が続く、吉田流の文体です。その永遠に流れ続けるかのような文体によって獲得される時間の重層感こそが、僕にとっては、近代＝モダンでした。あの読みにくいレポートを、よくぞ先生は読んでくれました。鈴木先生に出会わなかったら、「工業社会的建築教育」にいや気がさして、建築をやめていたかもしれません。

ジョサイア・コンドル

鈴木先生から教わったもう一つ大事なことは、東大の建築学科の初代の教授、ジョサイア・コンドル（1852−1920）が、アーツ・アンド・クラフツ運動の動きにつながる建築家だったということです。

コンドルは、ロンドン生まれで、ウィリアム・バージェス（1827−1881）から学びました。バージェスは、ラスキン、モリスと並び称される中世主義者であり、産業革命で失われたものを、中世建築から発見しようとした、ユニークな建築家です。

富国強兵を国家の目標としていた明治政府が、よりによって、中世主義者のバージェスの弟子であるジョサイア・コンドルを招いてしまったというのも、皮肉です。しかし、産業革命に対して違和感を抱いていた、ひねくれ者の中世主義者のコンドルだからこそ、日本などという、ミステリアスな辺境に魅せられたわけです。

コンドルの日本での行状を見ると、彼が明治政府の求めた「富国強兵をリードする建築家」とはかけ離れていたことが見えてきます。彼は「新しい日本」を作ろうとするよりも、古い日本に心底から惚れ込んでしまったのです。今でいえば、アジアに憧れてヨーロッパに見切りをつけた、反文明、反進歩の、一種のヒッピーです。

まず芸者との間に、子をなしました。次に惚れたのが、日本舞踊のお師匠さんの前波くめでした。そのくらいに、日本文化にどっぷり浸かったわけで、富国強兵時代の東大教授としては、いかがなものかという感じです。しかし、彼がそのような熱い人間だったからこそ、学生達は彼を信奉し、彼のもとから、辰野金吾[※45]を始めとする、明治の日本を背負うような建築家が育っていったのです。

教師はかっこをつけていては教育はできないと、僕は考えています。弱さを含めて自分というものをさらけ出すことが、教育の原点です。ジョサイア・コンドルというのは、その意味において本当の教師でした。

しかし、そんな人間ですから、明治政府とコンドルは必ずしもうまくいきませんでした。彼は1888年、東大を退職します。その後も明治のクライアント達は、ヨーロッパの正統的様式建築の設計をコンドルに依頼します。「綱町三井倶楽部」（1913年）や、「岩崎弥之助高輪邸」（現・三菱開東閣、1908年）です。

古き日本に惚れこんでいた中世主義者のコンドルとしては、フラストレーションがたまる人生だったと思います。そのフラストレーションを、彼は日本画を描くことで晴らしました。彼は、河鍋暁斎《ぎょうさい》に学び、自ら河鍋暁英《ぎょうえい》と号しました。

内田祥哉

学生時代のもう一人のメンターが内田祥哉[※46]先生です。内田先生は構法の先生です。構法といっても何のことかわからない人が多いと思いますが、建築をどうやって作るかを具体的に教えてくれる授業が構法です。特に日本の伝統的な木造建築がどうやって作られているか、その美しさの秘密が何かを、内田先生から教わりました。

その話がめちゃめちゃ面白かった。内田先生が徹底的に近代的、科学的な視点をもって、木造建築のすごさを語ってくれたからです。そのギャップが魅力的だったのです。この語り口は、吉田健一と同じです。日本の伝統文化の中に、たそがれの時代の近代的精神が見つかるよ、という指摘です。日本こそ近代＝モダンの宝庫だという話です。

日本の木造建築の持っているフレキシビリティ、軽やかさ、透明感と比較したら、コンクリートは、野蛮で田舎臭い前近代的な構法であると、内田先生から教わりました。

まったく目からうろこが落ちるようでした。コルビュジエやミースが、古臭くて、ダサイものに見えてきました。

内田先生の父親は、内田祥三《よしかず》です。東大総長までつとめた大建築家でした。吉田茂の息子である吉田健一に似ているかもしれません。内田祥三は、東大総長であっただけでなく、東大の本郷キャンパスの設計者でもあります

内田祥三は人間というものの制約、限界のわかっていた人でした。深川の材木屋に生まれますが、家が破産して、横浜の商家に預けられます。そこで商家の主人が、内田祥三の才能を発見します。この子は商人の丁稚にはもったいない。ぜひ大学に行かせて、学問をさせるべきだ。

そういういきさつで、内田祥三は東大に進み、東大の建築学科のリーダーとなります。僕が一番好きなエピソードは、東大の本郷キャンパスのレンガタイルに関するエピソードです。

スクラッチタイル

本郷キャンパスは、関東大震災（1923年）で大きな被害を受け、新しいキャンパス計画が始まりました。内田祥三を中心にして作られたプランは、日本のキャンパス計画の白眉です。

本郷キャンパスで僕が一番気に入っているのが、外壁に使われているスクラッチタイルです。本郷キャンパスの建築に近づいて、内田祥三設計の内田ゴシックと呼ばれる建築群をじっと眺めてください。外装タイルに細かいスクラッチ（線状の切り込み）が付けられているのです。

スクラッチタイル自身はフランク・ロイド・ライトの発明です。ライトは、東京に設計した帝国ホテルの外壁を、スクラッチタイルで覆いました。日本の建築には影が必要だと考えて、スクラッチタイルというユニークなディテールを思いついたのです。

一つ一つのスクラッチに影が宿ります。タイルという硬質な素材が、影によってやわらかくなります。親しみのもてる物質へと化けます。

ライトは帝国ホテルを設計する時、日本という場所にはどんな素材がふさわしいのかを、ずっと考えていました。この場所に立つ建築は、やわらかくなくてはいけないと、ライトは直感しました。

タイルにはスクラッチを入れてやわらかくします。高級ホテルの一般的素材である御影石や大理石も使いませんでした。宇都宮で採れる、大谷石という、やわらかい石を徹底的に使いました。

彼は日本で採れる石をすべて見たいと命じました。よりによって、大谷石という、やわらかくてすぐにボロボロになる石を選びました。周りの人は全員びっくりしましたが、巨匠に対しては何もいえませんでした。やわらかさこそが、建築を、日本という繊細な大地につなぐための鍵であることを、ライトは見抜いていたのです。

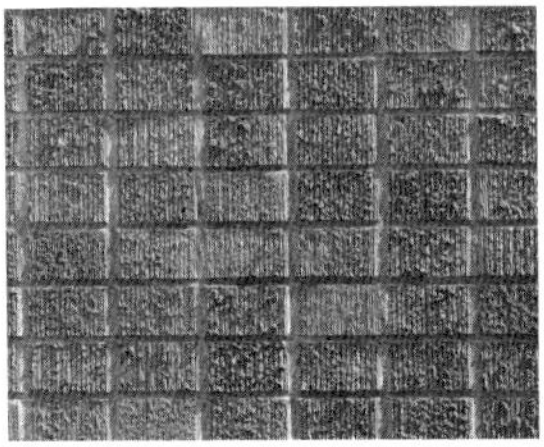
東大本郷キャンパスの外壁に使われているスクラッチタイル

このスクラッチタイルのディテールを内田祥三は東大で使います。建築に影をつけたい、建築をやわらかくしたいという気持からでしょう。しかし、それだけではなかった。

東大の本郷キャンパスの工事は関東大震災の資材不足の時代とかぶっています。大震災でタイル工場も大きな被害を受けました。被害のなかったいくつかのタイル工場の製品を集め、微妙に色合いの違うタイルを寄せ集めて、だましだまし、キャンパスの統一感を作るにはどうしたらいいか。内田祥三の秘策が、スクラッチタイルでした。色合いの違うタイルでも、スクラッチ加工をほどこせば、影が色をなじませて、ゆるやかなハーモニーを作り上げることができる。

内田祥三はそんな秘策を思いついたのです。いかにも苦労人が思いつくような、人間の限界をわきまえている大人ならではの、渋いアイデアだと思います。こんな苦労人が東大のキャンパス全体をデザインし、東大の総長にまでなったということが、僕にはとても重要なことのように思えます。

フラット

ヨーロッパ社会では、エリート階級の中で、美に敏感な人が建築家になります。20世紀以降はそうでもなくなってきますが、それ以前、建築家とは、貴族の商売だったのです。建築というもの自体が、社会の中でそのようなポジションにありました。

しかし、日本という場所は、破産した深川の材木屋の息子が建築家になれる、ある意味フラットな場所でした。コンドルの後を継いで、東大の建築学科を率い、「日銀本店」（1896年）、「東京駅」（1914年）などの重要な建物を設計した辰野金吾も、佐賀の貧しい家の生まれでした。この違いはとても大きな意味を持っています。

なぜ、この違いがあったのか。日本の建築設計者は、建築家というよりは、大工に近いような存在だからだと僕は考えます。クライアントと一緒に、ああでもない、こうでもないと間取りを描きながら、景観の一部としての、街並みと一体になった控え目な建築を、コツコツと作り続けていくのです。

日本において、建築設計とクライアントとの関係はフラットです。同じように、新しくできる建築と、景観との関係もフラットです。建築が主張しすぎてはいけないのです。

それでも腕のいい大工の作った建築は、どこか違います。一歩足を踏み入れただけで、違います。そういう微妙な差異を励みとして、日本の大工は修練を積んでいったのです。

このあり方は、木造建築という制約のなせるものだったのかもしれません。木造では、使える材料に制限があります。木の長さや断面が「自然」によって制約を受けているからです。当然、建築物の構造にも限界があって、あまりスパン（柱と柱の距離）が長かったり、高さが高いものは、そもそも作りにくいのです。

その制約の中で競い合うというところに、木造建築の本質があったわけです。日本が木造建築の国であったことと、日本の建築設計者が社会とフラットの関係を結んでいることとの間には、なんらかの関連があります。

木造精神

内田祥哉先生から、僕はこのフラットな精神を学びました。堅実で合理的な節約精神を学んだのです。内田先生自身も温厚で気さくで、少しも偉ぶらず、誰に対しても同じようなしゃべり方で、いつもユーモアがたっぷりです。

しかし、一見温厚な内田先生の中に、丹下健三に対する強い対抗心を感じました。第二次大戦後、驚くべき速さで復興し、工業化時代のチャンピオンとなった日本を、建築というメディアを使って見事にシンボライズしたのが、丹下建築です。天へと延びる垂直という形態ヴォキャブラリーを使って、コンクリートという工業化社会を代表する材料を駆使して、丹下は戦後日本を形にしました。

内田先生は、丹下が切り捨てた日本に着目しました。それは木造の日本です。森林国日本では、木はどこでも誰にでも手に入る素材です。大木である必要はありません。10センチ角程度の太さで3メートル程度の長さの材料なら、苦労せずに安く手に入ります。その基本単位を組み合わせて、自由自在にどんな空間も作り出せるところが、日本の木造建築のすごさです。

単に作り出せるだけではなく、その後の変化に対しても柔軟に対応できるところがすごいのだと、内田先生は繰り返し説明してくれました。襖や障子といった可動間仕切りを用いて、空間の変化に対応するだけではなく、柱の位置さえも自由に動かせるのが、日本建築の本質だというわけです。

柱が動かせてしまうというのは驚くべきことです。そんなフレキシブルなシステムは、過去にも現在にも、世界の他の場所には存在しません。モダニズム建築も及びません。

構造体は動かせないけれども、間仕切りや外装材などの二次部材は、どのようにも動かせるし、交換もできるというのが、モダニズム建築の大発明でした。構造と二次部材との区別のつきにくい、融通のきかない石造建築に対する批判が、モダニズム建築の本質でした。二次部材が動かせるだけでも大変な革命であり、建築は開かれて、自由なものになりました。しかし、日本の伝統的木造建築は、はるか昔から、モダニズム建築の先を行く自由を手に入れていたというのだから、驚きです。

オープンシステム

内田先生はそのような建築の自由を、オープンシステムと呼んでいました、大きな建設会社に頼まなくても、近所の大工さんが、身近な安い材料（木）を使っていとも簡単に建築を作り、生活の変化に対応して建築を自由に変化させていくことができる。日本とはそのような軽やかで自由な国でした。

これこそが本来の意味での建築のメタボリズム（新陳代謝）です。メタボリズムが目指していたようなフレキシビリティが、信じられないほどにさりげない形で、あっさりと達成されていたわけです。

このオープンシステムを現代社会の中で再び獲得するために、内田先生はプレハブ住宅の日本での発展にも力を尽くしました。内田先生と内田研究室の出身者がいなかったならば、日本で、今日のようにプレハブ住宅のシステムが普及することはなかったでしょう。世界を見渡しても、日本のプレハブ住宅のような洗練された住宅建設システムは他にありません。

もちろんプレハブ住宅は功罪があります。大量生産に適した部材を使うので、デザインが画一化し、いかにも工業製品といった感じのものになること。結局、大企業だけが独占するシステムで、昔の木造住宅のようなオープンでデモクラティックなシステムではないことは、大きな課題です。

しかし、プレハブ住宅によって、庶民のための安価な住宅が短い工期で可能になったことは、戦後の日本復興に、大きな役割を果たしました。

バックミンスター・フラー

内田先生は、そういうフラットでオープンな建築観の先達として、バックミンスター・フラー※47という建築家に興味を持っていました。

フラーは不思議な建築家です。モダニズム建築のライトもコルビュジエもミースも、建築を変えようとはしましたが、建築というもの自体を否定しようとはしませんでした。いま見ると、コルビュジエもミースの建築もきわめて古典的だと、僕は感じます。しかしフラーは建築という概念自体を否定し、解体しようとしました。それゆえに彼はしばしば、数学者、発明家などのタイトルで呼ばれます。

フラーは、車（ダイマキシオンカー）、プレハブ住宅（ダイマキシオンハウス）もデザインし、デザインしただけでは飽き足りずに、それを具体的なビジネスにつなげるほどに行動力のある人でしたが、内田先生が最も熱く語ってくれたのは、フラードームと呼ばれる、ドーム建築のシステムでした。

小さな単一のユニットをつないでいって、巨大なドーム空間に到達することが、フラードームのユニークさでした。日本の伝統木造並みの、オープンでデモクラティックなシステムだというわけです。

　内田先生自身、若い頃、実際にドームを設計しています（「ＮＴＴ東日本研修センタ講堂」１９５６年）。フラーが来日した際、このドームをわざわざ調布まで見に来たというのが、内田先生の自慢でした。その後、フラーも日本で一つドームを設計します。「東京よみうりカントリークラブのクラブハウス」（１９６４年）です。

　この建築はなかなかに衝撃的でした。ドームのシステムとして新しいというだけではなく、そのドームの下に集められたものが衝撃的でした。クラブハウスのダイニングスペースだけではなく、奇妙な日本庭園も、まっ赤な太鼓橋も、それらの異質でバラバラな物達を、ドームが一つに包みこんでいるのです。

　このすべてを許容する寛容さこそが、オープンでデモクラティックなシステムなんだと、僕は感嘆しました。

　建築家は普通、自分で作る建築の中を、すべてコントロールしようとします。自分の美学が許容するものだけで、世界を満たそうとします。オープンで民主的な建築を提唱する人

バックミンスター・フラー「東京よみうりカントリークラブのクラブハウス」1964年

ですら、そのようなコントロール癖はあります。

ミース・ファン・デル・ローエは、すべての変化を許容するユニバーサルスペースを提唱しましたが、きわめて排他的な美学の持ち主でした。

彼の代表作である、ニューヨークに立つシーグラムビルは、ユニバーサルスペースの完成形ともいわれる、オープンなワークスペースを持つ美しいオフィスビルですが、彼はこのビルに一斉点灯の照明システムを導入しようと提案しました。フロアの一部だけ、照明が付いたり消えていたりすると、建築の美しさが損なわれると考えたのでした。まったくユニバーサルの逆です。

しかし、フラーは、そのような排他性を持ち合わせていませんでした。東京よみうりカントリークラブには、その大らかさが溢れていて、僕は感激しました。しかもドームを構成するユニットは、FRP（ガラス繊維補強プラスチック）という、安価で、工場や倉庫のトップライトによく使う材料でできていました。高級ゴルフクラブにふさわしくないボロさがとても素敵だったのですが、残念ながら取り壊されてしまいました。

内田先生の影響で、僕も一つドームを設計しています。大倉山の章でも触れた、カサ・アンブレラです。傘という安価な日用品を組み合わせて大きなドームが作れれば、フラードーム以上にオープンでデモクラティックだろうと考えたわけです。

テンシグリティー

この傘のドームが、フラーのデザインしたドームよりも、ずっと軽やかなものになったのは、構造エンジニアの江尻憲泰さんから、テンシグリティーというアイデアをもらったからですが、テンシグリティーというのも、元をたどるとフラーに行き着きます。

材料を徹底的に節約して、最大限の空間を確保するにはどうしたらいいかと、フラーは考えました。僕も内田先生も共感する、質素倹約の思想です。そこでフラーは、引っ張り材として使った時、物質は質量あたり最大限の力を発揮するという事実に思い当たります。

糸を思い出してください。糸はとても軽い材料ですが、細い糸で重い石でも吊るすことができます。糸が引っ張り材として用いられているからです。物質から力を引き出すやり方には、その他に圧縮材（すなわちつぶすこと）、曲げ材として使うやり方がありますが、引っ張り材として使った時の効率の良さに比べたら、比較になりません。

しかし残念ながら糸だけで建築を作るのはとても難しい。突っ張るもの、すなわち圧縮材と、糸とを上手に組み合わせると、最大の効率で最大の強さを獲得することができます。そのような複合的構造を、フラーはテンシグリティーと呼びました。テンション（引っ張り）とインテグリティー（統合）とを合わせた巧みな造語です。

フラーはこのテンシグリティーでいくつかのプロジェクトを提案しましたが、ドームには応用しませんでした。江尻さんの考えは、傘の膜材を引っ張り材として用い、傘のスチールのフレームを圧縮材として用いれば、最小の材料を用いて、最大の強度を確保することができるというものでした。

この考え方でコンピュータを用いて構造設計をし、普通の雨傘と同じ細いフレームで、ドームを支えたのがカサ・アンブレラです。日用品とドームとがつながって、内田先生が興味を持っていたドームを、さらに生活の側に、日常の側に引き寄せることができました。

原広司

4年間の学部生活を終えて大学院に進む時、僕は建築家の原広司※48さんの研究室を受験しました。

原先生が内田研究室の出身だということから、興味を持ち始めました。原先生自身が、当時人気の丹下研究室ではなく、わざわざ構法を研究する内田研で学んだということに、深い意味がひそんでいるようにも感じました。内田研を出てから、原先生は木造を研究するのではなく、集落の研究を始めました。

僕の学生時代、原研究室は、変わり者が行く研究室と見られていました。デザインの先端にも、当時流行り始めていたクラシック建築のリバイバル（すなわちポストモダン）にも目もくれず、ただ、世界の果てにある朽ち果てつつある少数民族の集落をこつこつと研究していたからです。

そのひねくれたところに僕は惹かれました。原先生が20世紀流の工業化社会に対して、まったく背を向けているように感じられたからです。僕が大倉山以降こだわり続けているボロ家の中にひそむ何かを、原先生ならわかってくれるような気がしたのです。

大学院で原研究室に進んで驚いたのは、いつ行っても研究室に誰もいなかったことです。ゼミなんていうものもなくて、原先生は学生のことにはまるで関心がなく、自分のことにしか関心がありませんでした。先生も先輩もいなくて、研究室は面白いほどに静かでした。誰も何も強制しないし、何も教えてくれない空白の場所でした。

それが僕にとっては幸いでした。「自分でやるしかないんだ。自分で何か起こすしかないんだ」ということを思い知らされたからです。

これは教育というものの本質にかかわるとても大事なことです。それまで僕が受けてきた教育は、逆でした。絶えず上から圧力があり、その圧力に押されて、勉強して、努力してきたわけです。

しかし、そういう教育は意外にもろいものです。圧力がなくなったら、自分が何をしていいのかわからなくなってしまうのです。

原研究室では、圧力は自分で作るものでした。自分で見つけたものだから、長続きするのです。それを原先生から教わりました。原研究室の出身者は、今、日本の建築界の中でも存在感が大きいのですが、それも原流の教育法のおかげと思います。

サバンナの記録

そして、ある日、「先生、アフリカに行きましょう」と切り出しました。原研究室は、僕が加わるまでに、四回の世界集落調査を試みてきました。第一回が地中海、第二回が中南米、第三回が東欧、第四回がインド・中近東です。

残っているのはアフリカでした。実はアフリカは、中学生の頃からの、僕の憧れの場所でした。梅棹忠夫[※49]の『サバンナの記録』（１９６５年）を読んでからです。こんな魅力的な場所があるということを、梅棹さんから教わりました。

梅棹さんの本の面白さは、場所を見る眼がフラットなことです。見下ろすのでもなく、見上げるのでもなく、同じ高さでサバンナの人達の生活、人生を観察し、記録するのです。いつかは梅棹さんみたいな旅がしたいとずっと考えていました。

「おまえらが行きたいんなら、アフリカに行ってみるか」という感じで、原先生も腰を上げてくれました。とはいっても原先生が何かしてくれるわけではありません。原先生の教育の基本理念は、「自分で始めなければ、何も起こらない」ということです。待っていても、しょうがないということです。

原先生はよくいっていました。

「建築家になるためには、建築家の近くにいなくちゃいけない」

どういうことかというと、建築家の近くにいると、建築家というものが、普通のどうしようもない人間だということが、よくわかるのです。梅棹忠夫のサーヴェイではありませんが、建築家をフラットに眺められるのです。

こんな人間になら、自分でもなれるかもしれないと、思え始めます。そうやって建築家になる自信がついてきます。

建築家というのは、世界の一部を創造するくらいの、特別な存在だと見られやすいのです。遠くから見ていると、やたらに偉そうに見える人が多い。だから、建築家の近くにいるという方法が有効です。その意味では、原先生の教育は完璧でした。

建築を設計していない時の原先生は、ただの麻雀狂いの飲んだくれのチェーンスモーカーでした。ほとんど毎晩徹夜麻雀でした。時折、僕も駆り出されましたが、学生相手だろうと真剣で、学生は全員、先生に貢ぎました。原先生にとっては麻雀が人生だということがよくわかりました。

「この人、本当に大丈夫なんだろうか」と、僕は本気で心配になりました。そんな、どうしようもなく見える原先生ですが、時々、とてつもなく刺激的な言葉を発するのです。

砂漠

なかでも、アフリカを一緒に旅した一カ月半、原先生からもらった言葉の数々は今でも忘れられません。

マルセイユから季節労働者の乗る、異臭漂うフェリーで地中海を越えてアルジェに渡り、アルジェから南下してサハラ砂漠を縦断して、コートジボワールに抜けるというのが旅程です。自動車メーカーを回って四輪駆動車を二台手に入れて、砂漠を越えました。

ここで二台というのが重要です。一台で砂漠を行くと、万が一その一台が動かなくなると、遭難してしまうからです。必ずペアを組んで、サハラ砂漠の入り口のゲートで通行許可証をもらうシステムになっていました。総勢六人が二台に分乗しました。ほとんどが野宿で、原先生を中心に寝袋を並べて、砂の上で寝るのです。

集落の調査というと、一つの集落に何カ月、あるいは何年と留まるのが、文化人類学のフィールドサーヴェイのやり方です。ところが原研究室のやり方は、まったく違いました。一つの集落が、大抵二、三時間です。一日に二つという日もありました。

目の前に存在するものを、即物的に図面化して、それを科学的に分析するというのが原研の方法論でした。ウエットでノスタルジックに見ずに、ドライに科学的に眺めることで、未来の建築のヒントを捜したいというのが、原先生の思いでした。
二、三時間の調査というのは別の実際的理由もあって、一つの村に長居をすると、住民とトラブルになったり、警察に通報されて連行されるというリスクが格段に高まるのです。われわれの走り抜けるような方法でも、住民に怒鳴られて逃げ出したり、警察のトラックで署まで連行されて厳重な身体検査を受けたりはしましたが、なんとか無事でサハラから帰ってこられたのは、この方法が有効だったからです。
具体的な調査の方法です。地図に載っていない小さな集落ですから、あらかじめどこを調査するかを決めておくのは不可能です。まったく行き当たりばったりです。

助手席にあぐらをかいて座っている原先生が、目をつぶっているようでいて、実は地平線にじっと目をこらしていて、砂漠の上に蜃気楼のように現れた村の姿に反応して、突然「これだ！」と叫ぶのです。頼りは原先生の直感だけです。感じとしては狩りに近いのかもしれません。その時の原先生の勘の鋭さは、サバンナの狩人を思わせました。麻雀の時の、人の捨て牌《はい》を眺める先生の眼つきとも同じでした。

すべての村を調査するわけではありません。走っても走っても似たような村が続いて先生が反応しないと、ただ車は砂の上を走り続けます。

調査の時、重要なのは、車を少し離れたところに止めることです。車は相手を警戒さ

東大原研究室のアフリカでの集落調査で

せますから、徒歩で、素手で、ニコニコしながら集落に近づいていくことが大事です。アフリカの村の住人はどんな武器を持っているかわかりませんが、びくびくしていると、その緊張感が相手に伝わってしまって、うまくいきません。

ニコニコしながら、どんどん村の真ん中を目指して歩いていくと、子供達が周りを取り囲んできます。大人は、後ろの方で様子をうかがっています。子供達と仲良くすることがとても大事です。

「調査していいか、悪いか」といったことを、大人達にたずねる必要はありません。たずねたら、答えはノーに決まっています。それにそもそも言葉は通じないのです。どんどん調査を始めてしまうことが、一番大事なのです。

その際、子供達に手伝ってもらうのです。一番簡単なのは、巻尺の端っこを持ってもらうことです。子供というのは世界共通で、こちらがニコニコしていれば、みんな喜んで手伝ってくれます。笑顔が唯一のコミュニケーションの手段です。

子供と仲良くやっていると、親は文句をいいません。次第に親達も近寄ってきて現地の言葉で話しかけてきますが、もちろんわかりません。笑顔を見せて、握手をしたり、カメラを見せたり、空手のかっこをして笑わせたりして、だんだんいい感じになってきます。

鏡

この集落調査の方法が、今の僕の設計作業でも、とても役に立っていると感じます。僕は、他の建築家と比べて、見ず知らずの田舎での仕事がとても多いのです。僕がそのような場所に惹かれるというのもありますが、そのような場所の人達も、僕の建築に興味を持ってくれるようです。

その時大事なのは、どんな場所でも、どんな相手でも、怖がらずにニコニコしていることです。世界というのは鏡なのだと僕は思います。こちらが笑っていれば、向こうも笑って応えてくれます。こちらが緊張していれば、向こうも緊張で応えます。そんなコツを、サハラでつかみました。

調査の内容は単純です。村の平面図を作って、写真をたくさん撮るだけです。全体平面図、すなわち配置図は原先生の担当です。

これは最も熟練のいる難しい作業です。何しろ村というのは、南北軸もはっきりせず、一見乱雑に家屋が並んでいるので、図面化が難しいのです。原先生はアフリカまでに、世界の四カ所で集落調査しているので、手馴れたものです。どんな複雑な配置をした集落でも、すいすいと図面化していきます。

ボスというのは、このように率先して自らやるものなんだということを、しっかりと教わりました。そうすると、ついているわれわれも、さぼるわけにいきません。

僕ら学生の担当は、写真を撮ることと、個々の家の平面図を図面化することです。この時には子供達に巻尺の端を持ってもらわなければなりません。まん円い平面形をした家が、直径4メートルか、4・5メートルなのかは、目測だけでは判断しにくいのです。

村をまるごと図面化するのに、二、三時間が必要です。村の人達としては、われわれが何者なのか、何をしたいのか、よくわかりません。汚い服を着てヒゲも伸び放題の不思議なアジア人が、ニコニコしながら通り過ぎていった、という感じだったのでしょう。

これを一カ月半にわたって毎日続けて、100個近い集落を図面化するのです。

行けるところまで車を走らせて、夜になると、小さなナイロン製のテントを組み立てて、野宿となります。寝袋を並べ、砂の感触を楽しみながら眠るのです。砂漠ネズミという小さな白いネズミが、枕元を走り抜けます。

原先生は、今日見てきた集落の何が本質であったかを話してくれました。一見同じようなサバンナの集落の中に、どのような多様な世界観がひそんでいるのかを、眠る前に総括してくれました。

時々昔話もしてくれました。丹下先生が、建築家に必要なのは、才能ではなくて、ネバリだけだと話してくれたというエピソード。丹下先生がいつもとんでもない服を着て学校に来ていた話。その服を見ただけで、この人間はとんでもないことを考えそうだっていう説得力が、丹下先生にはあったそうです。当時の原先生のファッションも、十分に異様で、説得力のあるものでした。

湿った集落

こんなふうに原先生からいろいろなことを教わりましたが、僕と原先生との違いが、この旅の中ではっきりと見つかりました。

好きな集落が違うのです。簡単にいえば、原先生が好きなのは、「乾いた集落」です。壁とフラットルーフで構成された、幾何学的な集落は、乾いた印象を与え、実際にも空気の乾いた砂漠に近いほど、この手の幾何学的、数学的集落が多くあらわれます。

空気が少しずつ湿って、砂漠からサバンナに変わり始めると、かや葺《ぶ》き屋根が載ってきて、少しずつ集落が湿った感じになります。そしてさらに南下して熱帯雨林に近づくと、土のマッディな壁に代わって、草を編んだ風通しのいいスクリーンが登場します。

僕はこちらの「湿った」集落の方によりひかれました。原先生はまったく逆で、熱帯雨林の中に入ると、「この集落はパス」というのが多くなります。僕は、「え、またパスか……こんなかっこいい集落なのに……」という感じで、残念な思いをたくさんしました。

コンパウンド

この旅のことは、今でもよく夢に出てきます。いろいろなことを手に入れた旅でしたが、なかでも自分にとって大事だったのは、集落から小ささを学べたことでした。

集落全体が小さかったわけではありません。中には図面化に四苦八苦するような大きな集落もありました。小さかったのは、集落を構成する単位です。小さな小屋がたくさん集まって、集落という全体を作っていました。

サハラからその周囲のサバンナにかけて、ほとんどの集落は、コンパウンドという形式の住居でした。小さな小屋がいくつか集まって、共有の庭を取り囲む形で、コンパウンドと呼ばれる複合型住居を形作っているのです。

近代において住宅というのは一つの建物でした。近代以降の世界に生きているわれわれからすると、コンパウンドは別の宇宙を訪れたように新鮮でした。コンパウンドを構成する一つ一つの小屋に、妻達と子供と一緒に住んでいます。それが中庭を囲んでたくさんあるということは、一夫多妻であるということです。

すべての小屋の前に、土を固めて作ったカマドがあって、夕方になるとそこで調理が始まります。どの妻も同じように料理を始め、いい香りが中庭全体に立ち込めます。

夫はそれからどうするかというと、一つの小屋を選んで、その小屋の主である女性と、食事をともにするのです。食事が終わると、その小屋で、女性と彼女の子供と眠るのです。

食事をした相手以外の相手と寝るのはルール違反です。一夫一婦制の単婚近代家族に慣れた眼から見ると、まさに宇宙的なのどかさがありました。

中学生の時に必死になって読んだ、梅棹忠夫さんの『サバンナの記録』の世界が蘇りました。このゆるく、のどやかな感じが、近代家族の住む郊外住宅に押し込まれていた僕を、惹きつけ、いやしてくれたのだと思います。第一章の、「生きた家」と「死んだ家」の話でいうと、サバンナのコンパクト型の家は、今まで見たことがないほどに、生きて輝いていました。

梅棹先生とは、後日談があります。僕が『10宅論』をアメリカで書き、日本に戻ってきてしばらくして、梅棹先生が館長をつとめていた国立民族学博物館主催の、家族のあり方を議論するシンポジウムにパネラーとして招かれたのです。中心となっていたのは、社会学者の上野千鶴子さんで、その後、時に批判し合い、悪口のいえる親しい友人となりました。

上野さんから、いろいろなことを教わりました。梅棹先生の「妻無用論」（1959年）が近代家族批判、専業主婦批判の、日本で最初の重要なテキストであることを教わりました。梅棹先生も、一夫多妻のサバンナでめざめたのかもしれません。

僕の『10宅論』の中には、社会学的な視点はないし、家族構成についても、近代家族についても触れていません。しかし、にもかかわらず、「単婚近代家族」「近代住宅」に対する僕の意地悪な視線を、梅棹先生や上野さんは面白がってくれました。とすると、これもまたサバンナが結びつけた縁ということです。

植物

サハラから戻って、一カ月で修士論文を書き上げました。タイトルは、「住居集合と植生」です。原先生は、建築の配置や形にもっぱら興味があって、そのデータをコンピュータにいれて解析するというのが、原研究室の研究の基本的な方法でした。原先生は「乾いた集落」がお好みだったし、研究の方法論も「乾いて」いました。

ここでまた、後の「反建築的」なひねくれた思考法が顔を出します。「乾いた」ものに対して違和感があったのです。建築だけ見ててもしょうがないんじゃないか、集落の周りの植生、集落の中の樹木の配置の方が、集落にとって決定的に大事なのではないかという仮説を立てたのです。

子供の頃から植物は大好きで、特に野菜を植えて育てるのが大好きでした。大倉山の庭を小さな農場にしていました。畑仕事がしたくて大倉山に小屋を建てた祖父の興味は、その頃すでに釣りの方に移っていたのですが、僕は祖父から教わって、いろいろな野菜を育てました。美しい花とかいうのにはまったく興味がなくて、もっぱら野菜だったのです。

冬になると、落ち葉を集めてする焚き火が一番の楽しみで、おじいちゃんに似て、じじくさい子供だと母にからかわれていました。その植物好きがサハラに出会って再び顔を出したのです。

日本の集落も見ろと原先生がいうので、農学部の、木にやたら詳しい友人と、千葉の里山の集落を歩き回りました。まず木の位置と樹種をプロットし、科学的な体裁をでっちあげようと、木でできる影に着目して、照度計も持参しました。

しかし植生と建築との間に何らかの法則を見つけようとしても、結局何も見つかりませんでした。木はでたらめに生えているのです。それほどに木と人間は切っても切れないということでもあります。

しかし、一応論文ですから、でたらめだと書くわけにもいかず、いろいろと法則らしきものをこじつけましたが、修士論文としては、まったくひどいレベルのものでした。

小さなもの

原先生は決して話し上手ではなく、調査の資金集めのためのスポンサー回りをしている時など、こちらがイライラしてしまうのですが、時々、特別な言葉を発します。本当に、天から言葉が降りてきたように、心に響きます。

僕のことに触れた二つのスピーチのことを、いつも鮮明に思い出します。一つは「隈には境界というものがない」というスピーチです。「えてして人間というものは境界を作りたがる。境界の外側にいる人間を排除しようとする。しかし、隈にはそれがない。境界という概念すらないのかもしれない」という話でした。

大倉山の章でマックス・ウェーバーの境界人の話をしましたが、あの環境が、僕から境界という概念自体を消し去ってくれたのかもしれません。

僕は、建築と社会という境界がまず嫌いです。建築家だけが難しい議論をして、いい建築だ悪い建築だと議論する閉鎖的な態度がいやです。建築家も使い手も、作る人も職人も、フラットでオープンな場で、一緒に物を作るべきだと思います。そしてもちろん、都会と田舎という境界も、国の境界というのも、物を作る行為の前では、まったく意味がないと感じています。

都市の中で建築を作る時と、自然環境の中で作る時と、やり方が違いますかとよく質問されます。「同じです。どんな場所も、世界に一つしかない場所だという点では、まったく同じです」と答えます。

都市の中にも、光は降ってくるし、風は抜けるし、雨も降るし、お隣さんもいます。それだけで十分に自然があるということです。すべての場所に自然は溢れています。それが僕の場所に対する基本的なスタンスです。

もう一つ忘れられない原先生の言葉は、僕の展覧会のオープニングの時にいただいた言葉です。隈の建築を見ていて、数学者のリーマン（1826―1866）がゲッティンゲン大学の教授に就いた時の就任演説を思い出したというのです。

今までの時代は、大きさを追求して走ってきたとリーマンは始めたそうです。経済も学問も文化も、すべて大きさを追求してきたというのです。

しかし、今から自分は小ささをこそ追求しようと思うと、リーマンは宣言しました。小さな時間に起こる小さな変化量に着目して、変化や運動というものの本質をつかまえる微積分の方法に、彼は大きな可能性を見出していたのです。

同じように、20世紀という世界も、大きさだけを追求する世界だった気がすると、原先生は総括しました。自分を含めて、20世紀の建築家たちは大きさ志向だったという言葉を聞いて鳥肌が立つ思いでした。それに対し、隈は小ささに向かっていると感じたと、締めくくりました。

僕は自分の建築についてこれ以上の言葉を聞いたことがありませんし、その言葉がきっかけになって『小さな建築』（２０１３年）という本も書きました。『小さな建築』は、一種の建築的方法の提案でした。

今回のこの本でも、「小さい」ということについてさらに考えました。「小さい」思い出や言葉や書物が、どのようにつながって、自分という全体を構成しているかを示そうと考えました。自分という確固としたものはありません。「小さいもの」が漂っているのが、自分なのです。

註

1　折原浩（おりはら ひろし 1935―） ウェーバー研究者。東京大学名誉教授。1968―69年の東大紛争の際には、不当な学生処分を行った大学と厳しく対立する。ウェーバー関係の著書のほかに、大学批判の書も出版している。

2　マックス・ウェーバー（1864―1920） ドイツの社会学者。主著の『プロテスタンティズムの倫理と資本主義の精神』で、近代の資本主義は、営利の追求や人々の欲望をエンジンとして生まれたのではなく、禁欲的なプロテスタントたちの信仰から生じたものと論じた。また、そうして生まれた資本主義の最終段階に現れる「末人たち」については、次のように述べた。「精神のない専門人、心情のない享楽人。この無にひとしい人は、人間性がかつて達したことのない段階にまで到達した、と自惚れるだろう」。

3　ル・コルビュジエ（1887―1965） スイス出身の建築家。建築作品と「新しい建築の五つの要点（＝近代建築の五原則。ピロティ、屋上庭園、自由な平面、水平連続窓、自由な立面）」などを始めとする建築創作上の重要な理念によって、近代建築の展開に大きな影響を与える。代表作に「サヴォワ邸」「マルセイユのユニテ・ダビタシオン」「ロンシャンの教会」「ラ・トゥーレットの修道院」など。上野の「国立西洋美術館」はコルビュジエが日本で実現した唯一の建築作品。

4 ルードヴィヒ・ミース・ファン・デル・ローエ（1886―1969）ドイツ出身の建築家。バウハウスの3代目校長。20年代の「フリードリッヒ街のオフィスビル設計競技案」などで、間仕切りを持たないカーテンウォールのオフィスビルのモデルを提出。ミースが設計した、どのような機能にも転換可能なフレキシビリティを持った空間は「ユニバーサル・スペース」と呼ばれた。代表作に「トゥーゲントハット邸」「ファーンズワース邸」「シーグラムビル」「レイクショアドライブ・アパートメント」など。

5 （ゴシック様式の）ユニット ゴシック様式の建築は、ギリシャなどの古典建築に比べ、柱などの建築を構成する要素、単位（ユニット）が細く、また小さく作られている。

6 里山 集落など人の住む場所の近くにあり、燃料用木材の採取などに利用され、人とのかかわりの深い山のこと。

7 フリードリヒ・エンゲルス（1820―1895）ドイツの社会思想家。マルクスとともに資本主義を乗り越えて共産主義社会を構築することを目指し、20世紀の労働運動や共産主義の発展に大きな影響を与えた。マルクスの主著『資本論』を完成させる上で重要な助言を行い、マルクスを財政的にも支援。『共産党宣言』と『ドイツ・イデオロギー』はマルクスとの共著。

8 岸田日出刀（きしだ ひでと 1899―1966）建築学者。1929年より東大教授。谷口吉郎、前川國男、丹下健三らを育てる。東大の安田講堂は岸田の設計。

9　丹下健三（たんげ けんぞう 1913—2005）　建築家。モニュメンタルな力強さを持つその造形力は、日本にとどまらず、世界的にも高く評価された。建築史家の鈴木博之は、丹下について「建築に要求される機能・構造・表現を、明快に一義的にまとめ上げるという稀有な能力を持っていた」と述べ、代表作である代々木の「国立屋内総合競技場」をその軌跡のピークに位置すると評価した。

10　マンフレッド・タフーリ（1935—1994）　イタリアの建築史家。マッシモ・カッチャーリやフランチェスコ・ダルコーらとともにベネチア学派をなす。マルクス主義などの見地から根底的なモダニズム建築批判を行う。著書に『建築神話の崩壊』『建築のテオリア』『球と迷宮』など。

11　マルティン・ハイデガー（1889—1976）　ドイツの哲学者。ハイデガーは主著の『存在と時間』（1927年）で、存在するもの（＝存在者）と存在すること（＝存在）を区別した上で、問われるべきなのは前者ではなく、「存在するものが存在する」という事態であるとし、「存在」に目覚めることを要請。また、人間（＝現存在）を「存在」へと開くきっかけは「死の不安」であるとした。

12　ラーメン構造　鉄筋コンクリート構造や鉄骨造で、柱梁を剛接合（固く接合）して一体化した構造のこと。モダニズム建築以降ではもっとも一般的な構造形式。

13　シェル構造　薄い材で作られる曲面状の構造のこと。

14　ルーバー　プライバシー保護や光や風の調節のために、主に開口部などに設置されるもので、一般的には、羽根板と呼ばれる細長い板を平行に組んで作られる。

15 ピッチ 等間隔に並んだ部材の間隔のこと。

16 ヴォイド 建物内部の空洞的な空間で、吹き抜けやアトリウムなど比較的大きなものをさしていわれる場合が多い。

17 ピロティ 建物の一階などを柱で支え、吹き放しとした空間のこと。ル・コルビュジエが新しい建築の五つの要点（＝近代建築の五原則）の一つとして挙げた。

18 エミール・カウフマン（1891―1953） オーストリア出身の建築史家。『ルドゥーからル・コルビュジエまで』『三人の革命的建築家 ブレ、ルドゥー、ルクー』で、18世紀の建築家、ルドゥーらの作品をル・コルビュジエらのモダニズム建築と関連づけて論じた。

19 コーリン・ロウ（1920―1999） イギリス出身の建築史家。建築デザインと建築の分析・読解の手法に大きな影響を与えた「透明性―実と虚」でロウは、ピカソとブラックのキュビスム絵画の分析から始めて、近代建築の特徴である透明性を、ガラスのカーテンウォールに見られるような実の（リテラルな）透明性と、空間が多層的に重ね合わされる虚の（フェノメナルな）透明性の二種類に区別した。

20 ダミエ フランスのブランド、ルイ・ヴィトンのバッグなどの商品ラインナップの一つで、チェック柄が使用されている。

21 ファサード 建物の主要な立面のこと。正面の立面をさす場合が多い。

22 前川國男（まえかわ くにお 1905―1986） 戦後の日本を代表する建築家の一人。1928年という早い時期にル・コルビュジエの事務所に入所（日本人としては初）。帰国後、日本の近代建築を牽引する。代表作に「神奈川県立音楽堂」「国際文化会館」（坂倉準三、吉村順三と共同設計）「東京文化会館」など。「紀伊國屋新宿本店」も前川の設計による。

23 吉村順三（よしむら じゅんぞう 1908―1997） 戦後の日本を代表する建築家の一人。アントニン・レーモンドに師事。モダニズムと日本の伝統建築との融合を図った独自の作風で知られる。代表作に「国際文化会館」（前川國男、坂倉準三と共同設計）「青山タワービル」「奈良国立博物館新館」など。

24 黄金分割 古代ギリシャ以来最も美しく理想的な比率と言われる黄金比（1：1.618）を使用して分割されたもの。縦横比を決めるときにも使われる。

25 槇文彦（まき ふみひこ 1928―） 現代日本を代表する建築家の一人。モダニズムを継承し洗練させた端正な作風で知られる。代表作に、30年以上にわたり設計を手がけた代官山の「ヒルサイドテラス」や「スパイラル」「幕張メッセ」「東京体育館」など。プリツカー賞など世界的な賞も多数受賞している。

26 ジャン＝ポール・サルトル（1905―1980） フランスの哲学者。主著に『存在と無』『弁証法的理性批判』。サルトルは、1946年の『実存主義はヒューマニズムである』で、「実存は本質に先立つ」とし、人間は何らかの本質に基づいて行為するのではなく、その行為によって定義される、つまり、人間とはその行為の全体以外の何ものでもないとした（実存とは、個別性と主体性を持った現実存在のこと）。

27 ブルーノ・タウト（1880―1938） ドイツ出身の建築家。20世紀初頭から建築家としての活動を始めるが、第一次世界大戦後は、『アルプス建築』などのドローイング集で独自のユートピア世界を構想。20年代中頃から住宅団地（ジードルング）を多数手がける。ユネスコの世界遺産に登録された「ベルリンのモダニズム集合住宅群」におけるタウトの作品は、その大半がこの頃に設計されたもの。1933年に来日し、桂離宮を訪れて高く評価、また、『日本文化私観』などの日本に関する著作も著している。

28 吉田鉄郎（よしだ てつろう 1894―1956） 1919年に逓信省に入省。営繕課で郵便局や電話局など多くの逓信建築を手がける。東京中央郵便局は吉田の代表作。

29 藤森照信（ふじもり てるのぶ 1946―） 建築史家、建築家。専門は近代建築および都市計画史だが、建築をめぐる膨大な記憶から醸成された、独特の存在感を放つ建築デザインも高く評価されている。

30 ヴォリューム 建築や美術では、量感の意。

31 クロード・レヴィ＝ストロース（1908―2009） フランスの文化人類学者。ローマン・ヤコブソンの構造言語学などから想を得て自らの方法論を構築し、ラカン、フーコー、バルトらとともに構造主義を代表する一人となる。主著の『野生の思考』（1962年）では、ブリコラージュという方法を通して、世界各地に残る神話とその構造の形成についての考察を行っている（ブリコラージュは、ありあわせの材料や道具を使って行う器用仕事のこと）。

32 渋沢栄一（しぶさわ えいいち 1840―1931） 実業家。大蔵省時代に設立を指導した第一国立銀行（現・みずほ銀行）を拠点に、株式会社組織による多くの企業の設立にかかわる。その数は生涯で500以上にものぼるといわれる。

33 アーツ・アンド・クラフツ 19世紀後半にイギリスで興ったデザイン運動。詩人、デザイナーであったウィリアム・モリスらが主導。当時の粗悪な大量生産品のあふれる状況を批判し、職人の手仕事に戻り、生活と芸術を統一することを主張。後のアール・ヌーヴォーを始め、広範な影響を与えた。

34 安藤忠雄（あんどう ただお 1941―） 現代日本を代表する建築家の一人。従来の日本建築にはなかった強い壁の建築を求め、コンクリートという素材に出会う。1986年の「城戸崎邸」では、単純な幾何学形態を組み合わせ、その間のスペースにピラネージ的な迷路を巡らせている。この手法は他の作品でも見られる。

35 黒川紀章（くろかわ きしょう 1934―2007） 菊竹清訓らとともにメタボリズム運動を主導、その考えに基づき「中銀カプセルタワー」などを設計する。「青山ベルコモンズ」「国立新美術館」ほか作品多数。

36 フランク・ロイド・ライト（1867―1959） アメリカの建築家。自然との融和を目指した「有機的建築」を標榜。代表作の「落水荘」では、面や線の構成がデ・ステイルやロシア構成主義を想起させつつも周囲の自然環境に見事に融け込ませている。「ロビー邸」などと同様に、空間が流動するように連なる平面構成も大きな特徴。大正期に来日し、旧帝国ホテルや山邑邸など六つの建築を実現している。

37 磯崎新（いそざき あらた 1931―） 日本を代表する建築家の一人。『空間へ』『建築の解体』を始めとする著作群が、同時代の建築家達に大きな影響を及ぼす。代表作に「つくばセンタービル」「お茶の水スクエアA館」「水戸芸術館」ほか。

38 吉田健一（よしだ けんいち 1912―1977） 英文学者、批評家、小説家。著作と人生の両方でダンディズムを貫く。酒を愛し、「理想は、朝から飲み始めて翌朝まで飲み続けることなのだ」と書いている。

39 菊竹清訓（きくたけ きよのり 1928―2011） 戦後の日本を代表する建築家の一人。黒川紀章らとともにメタボリズムを提唱。「か・かた・かたち」というデザイン方法論に基づき多くの建築を手がける。自邸の「スカイハウス」（1958年）は、戦後の日本を代表する住宅作品の一つ。

40 浅田孝（あさだ たかし 1921―1990） 都市計画家・建築家。丹下健三のもとで広島平和記念公園ほかの作品にかかわる。菊竹清訓、黒川紀章らとともにメタボリズム運動を提唱。京都造形芸術大学大学院院長の浅田彰は甥。

41 アドルフ・ロース（1870―1933）　オーストリアの建築家。「シュタイナー邸」や「ロースハウス」などの装飾を排した建築によりモダニズムを牽引。著作の『装飾と犯罪』でも大きな影響を与えた。

42 アンドレア・パラディオ（1508―1580）　後期ルネサンスからマニエリスム期のイタリアの建築家。その著書『建築四書』には、自身の作品図面とともに、古典のオーダーや古代建築などの図が収められ、広汎な影響を与えた。パラディオの最も有名な作品であるヴィラ・ロトンダは、イギリスでそのコピーが一度に三つも作られたという。

43 マルセル・プルースト（1871―1922）　フランスの小説家。主著の『失われた時を求めて』は哲学者アンリ・ベルクソンの記憶の理論の影響が指摘されている。マドレーヌのかけらを浸した紅茶の味から、以前暮らしていたコンブレーの町の全体が想起されるのが、同著の有名なマドレーヌの挿話。

44 鈴木博之（すずき ひろゆき 1945―2014）　東京大学名誉教授。イギリス建築史が専門だが、現代建築の評論・紹介も行う。ゲニウス・ロキ（地霊）という概念を使って建築における場所性を強調した。

45 辰野金吾（たつの きんご 1854―1919）　明治期の代表的建築家の一人。コンドルのもとで学んだ後、イギリスへ留学。帰国後、工部大学校（現在の東京大学工学部）の教授となり、伊東忠太らを育てる。堅牢なつくりを旨とする設計姿勢のため、「辰野堅固」とも呼ばれた。代表作に「日本銀行本店」「東京駅（丸の内駅舎）」など。

46 内田祥哉（うちだ よしちか １９２５―） 建築生産学者。東京大学名誉教授。建築構法および建築のシステム化などの研究で建築業界に大きな影響を与える。著書に『建築の生産とシステム』ほか。

47 バックミンスター・フラー（１８９５―１９８３） アメリカの建築家、発明家、思想家。地球規模のスケールの大きな独自の思想をバックに、独創的な建築システムなどを構想・開発。『宇宙船地球号 操縦マニュアル』などの著作でも知られる。

48 原広司（はら ひろし １９３６―） 現代日本を代表する建築家の一人。論文も多数発表し、独自の建築・空間理論を展開。主著の『空間〈機能から様相へ〉』では、ジャンルの枠を越えた広範にわたる知見を駆使しながら、21世紀建築の行方を探っている。主な作品に「ヤマトインターナショナル」「梅田スカイビル」「JR京都駅」「札幌ドーム」など。

49 梅棹忠夫（うめさお ただお １９２０―２０１０） 日本の生態学者、民族学者。京都大学名誉教授、国立民族学博物館の初代館長。生態学の視点から日本文明をとらえた『文明の生態史観』が大きな反響を呼ぶ。創造的な作業を行うためのテクニックについて述べた『知的生産の技術』はベストセラーとなった。

おわりに

ロラン・バルトの『彼自身によるロラン・バルト』のような本を書きませんか。編集者の内野正樹さんが、ある日やってきました。僕自身の建築に対しては自分自身でたくさん解説を書いているし、評論も多い。僕の現在の慌ただしい日常についても、インタビューのたびに語っています。しかし、僕がどんなところで生まれて、どんな育ち方をしたかを、ぜひ知りたいというのです。

バルトの『彼自身によるロラン・バルト』は、バルトの残したテキストの中で最も面白いと僕は思っています。何かについて書くということ（エクリチュール）が、どういう意味を持つかをバルトはつきつめました。書く主体と対象との距離、関係に対して、彼ほど意識的であった思想家はいません。

『彼自身によるロラン・バルト』の場合、書く主体がバルトであり、対象もバルトであるわけで、通常の人間の場合、その二つは同一ですが、バルトのこの本の中で、書くバルトと書かれるバルトは分裂し、さまざまな距離で相互に移動し、バルトはバルトから、私と呼ばれたり、彼と呼ばれたりして、割れた鏡の破片のような、多様なバルトが登場するのです。そこが、たまらなく刺激的です。

あんな感じは面白いなと、軽い気持ちで書き始めてみたのですが、書き進めていくうちに、僕のスタンスがバルトとはまったく違うことに気づき始めました。僕は、破片として粉砕された自分を、糊を使ってつなぎとめようとしているのではないかと、感じたのです。「場所」というなつかしい糊を使って、自分という割れた鏡を回復したいという願望が、自分の中にあったことを発見しました。

時代の差もあるでしょう。『彼自身によるロラン・バルト』（1975年）は、国家、社会、コミュニティといった集団が個人に割れ、さらにこの個人自身がいくつもの破片にも割れていく時代の到来を預言するテキストでもありました。僕らは、今、自分自身すら粉砕された後の時代を生きています。

また僕の個人的事情というのもあります。建築家というのは、作品と同じ数だけ、粉砕された存在ともいえます。歌舞伎座を設計している時は、ちょっと江戸時代の方を向いて仕事をするし、カーボンファイバーを素材にミュージアムを作る時は、100年あとの時代の方に、頭は向いています。東北復興のプロジェクトの被災地を回る時は、僕自身が津波ですべて失ったような気持ちにならなければ、被災者の方々の求める街は作れません。一方、パリ市の依頼で、パリではホームレスの収容施設をデザインしていますが、日本のホームレスとは世界観が違う人達でした。

建てる人、使う人、周りの人、さまざまな相手の身になって考えなくては、いい建築は設計できません。相手はとてつもなく多様です。そして、相手から相手へと移動し続け、粉砕され続けていきます。

しかし、その粉々に砕けた隈研吾「達」の中に、何か共通なものが流れているのではないか。それを探すことが、この本の目標になりました。場所がその接着作業の鍵であることがわかって、一気に筆が進みました。バルトのベクトルとはまったく逆です。砕くのではなく、つなぐのです。

執筆、データの整理については、いつもながら、僕のアトリエの稲葉麻里子さんの手をわずらわせました。僕が世界各地の飛行機や列車の中で書きなぐった手書きの原稿も、まったく粉砕状態で、それをつなぎあわせることができるのは彼女だけです。

僕が砕け散らずにつながっていることを支えて下さっている全員に、深く感謝します。

隈 研吾

・写真提供（数字は頁数）

隈研吾建築都市設計事務所＝

17，25，26，55下，61，67，70，75，77上・下，81，89，93上，95上，107，123上，143，173，177，201，219

・写真撮影（数字は頁数）

淺川敏＝35下，55上

阿野太一＝57上，63上，65，110，111

西川公朗＝63下，71

藤塚光政＝35上，39，41，97，101，115，171

Nicolas Waltefaugle ＝37，117

Peppe Maisto ＝47

Toshie Nishikawa ＝123下

以上、すべて隈研吾建築都市設計事務所より提供

内野正樹（エクリマージュ）＝2，51，57下，77中，127

隈 研吾（くま・けんご）

1954年、神奈川県横浜生まれ。隈建築都市設計事務所主宰。

1979年東京大学大学院建築学科修了。コロンビア大学客員研究員、慶應義塾大学教授を経て、2009年より東京大学教授。1997年「森舞台／登米町伝統芸能伝承館」で日本建築学会賞受賞、同年「水／ガラス」でアメリカ建築家協会ベネディクタス賞受賞。2002年「那珂川町馬頭広重美術館」をはじめとする木の建築でフィンランドよりスピリット・オブ・ネイチャー　国際木の建築賞受賞。2010年「根津美術館」で毎日芸術賞受賞。2011年「梼原・木橋ミュージアム」で芸術選奨文部科学大臣賞受賞。

近作に「アオーレ長岡」「第五期歌舞伎座」「KITTE」「ブザンソン芸術文化センター」「マルセイユFRAC」「エクサンプロヴァンス音楽院」など。日本国内だけでなく、世界中でプロジェクトが進行中。

著書に『10宅論』（ちくま文庫）、『建築的欲望の終焉』（新曜社）、『負ける建築』『つなぐ建築』（いずれも岩波書店）、『自然な建築』『小さな建築』（いずれも岩波新書）、『建築家、走る』（新潮社）など。

僕《ぼく》の場所《ばしょ》

2014年4月30日　第1刷発行

著者◉隈《くま》 研吾《けんご》

発行者◉佐藤 靖

発行所◉大和《だいわ》書房
東京都文京区関口1-33-4　〒112-0014
［電話］03(3203)4511

カバーデザイン◉奥定泰之
本文デザイン◉内野正樹
編集協力◉内野正樹、隈研吾建築都市設計事務所（稲葉麻里子）
本文印刷◉信毎書籍印刷
印刷◉歩プロセス
製本所◉小泉製本

ISBN978-4-479-39257-6

http://www.daiwashobo.co.jp